듣기의 철학

듣기의 철학

와시다 키요카즈 지음

길주희 옮김

아카넷

타자에게 닿기 위한 철학

예전에 철학 정기연구회에 발달심리학자 한 사람을 초대한 적이 있었다. 그날의 주제는 '학교'였다. 강연 후 이어진 질의응답 시간에 그는 인상적인 이야기를 했다. 그중에는 현기증을 불러일으킬 정도로 강렬한 이야기가 두 개나 있었다.

그중 하나는 오래된 달걀과 신선한 달걀에 관한 일화였다. 발달심리학자에게는 아들이 하나 있었는데, 그 아이가 학교에서 오래된 달걀과 신선한 달걀을 구별하는 방법을 배웠다고 한다. 일반적으로 표면이 미끈미끈하거나 거칠거칠하거나, 물에 뜨거나 가라앉는 등의 관찰 결과를 통해 신선한 달걀과 오래된 달걀을 나누는 것으로 배운다. 그런데 그의 아들은 껍질을 깨서 노른자가 높게 솟아오르는 것이 신선한 것이고, 노른자가 평평한 것이 오래된 것이라고 배웠다고 한다. 그리고 이 내용이 시험에 나왔다고 했다.

'다음 그림과 같이 두 개의 달걀이 있습니다. 당신이라면 어느 쪽 달걀을 먹겠습니까?'라는 질문이었고, 그의 아들은 평평한 쪽이라고 답했다. 그런데 모든 아이들이 노른자가 높이 솟아오른 쪽에 동그라미를 쳤다. 정답 역시 솟아오른 쪽이었다. 그쪽이 신선한 달걀이기 때문이었다. 반에서 유일하게 그의 아들만이 평평한 쪽을 정답으로 골랐다고 한다. 냉장고에서 달걀을 두 개 꺼내서 먹으려는데, 유통기간에 차이가 있다면 먼저 오래된 쪽을 먹어야 하는 게 당연하다는 게 아이의 논리였다. 그런데 혼자 틀려서 아이는 꽤나 상처 받았다고 했다.

달걀을 깨서 신선도를 확인하는 방법 자체가 애초의 목

적에 반하는 것이기도 하지만, 시험문제에서 '어느 쪽이 신선합니까?'라는 질문을 '당신은 어느 쪽을 먹을 것입니까?'라고 당연하듯 치환한 것이다. 이 물음은 실생활과 전혀 관계없이 진행된 하나의 설문에 불과하다.

무엇을 목적으로 달걀이 신선한지 오래되었는지를 알아보는가, 또 그것을 판단하려면 어떻게 해야 하는가 등의 일상생활 안에 자리 잡고 있는 질문이 고려되지 않은 것이다. 당연히 이런 지식은 '익숙한 것'이 아니고 사용될 가능성도 희박하다. 그러나 아이는 맞벌이 하는 부모를 둔 덕에 스스로 요리를 하는 일이 잦았고 처음부터 실제 생활의 문제로 이 질문을 받아들인 것이다.

사람은 무엇을 알아야만 하는가, 또 무엇을 알고 싶어

하는가 그리고 그것을 아는 것이 사는데 어떤 의미가 있는가. 실생활과 동떨어져 있는 과학의 질문을 이 아이는 제대로 읽고 파악한 것이다. 철학은 이 '작은 철학자'의 눈을 잊어서는 안 된다고 생각한다.

또 한 가지는 학교 안에서 '제도화'된 언어에 관한 것이다. 학교에서 사용하는 언어가 우리 인간관계에 엄청난 일그러짐을 발생시키는 게 아닌가 하는 이야기다. 학교에서 선생님은 학생들에게 여러 가지 지식을 가르친다. 그리고 그것들을 제대로 기억하고 있는지 시험을 본다.

그렇다. 사람을 시험해 본다. '시험 본다'는 말은 자신이 알고 있는 지식을 다른 사람이 알고 있는가, 아닌가를 묻는다는 뜻이다. 자신이 알지 못하는 사실을 물어보는 상황을 의미하는 '묻다'와는 의미가 많이 다르다. 일반적으로 '묻다'는 모르니까 배우고 싶어서 무언가를 묻는 것이다. 이때 묻는다는 것은 '알고 싶다', '배우고 싶다', '가르쳐 주길 원한다' 등의 의미로 다른 사람에게 보내는 간절한 요구이자 청원이다. 알려주는 쪽에서도 무언가를 전하고 싶기 때문에 그 요구에 답하는 것이다.

그러나 학교에서는 다른 사람에게 자신의 지식을 기억하고 있는지 묻는 것이 마치 당연한 일인 것처럼 생각한다. 그래서 교사가 학생을 시험한다. 학생들에게 가지는 '신뢰'란 언제나 괄호 안에 들어가 있다. 옴짝달싹 못하게 매달려 있을 뿐이다. 그래서 시험 받는 학생들은 '질문 받은' 상황에 집중하는 것이 아니라 나의 답이 올바른가, 아닌가에만 신경을 쓴다. 정답이라면 질문자의 지식을 맞췄다는 기쁨은 얻을 수 있다.

그러나 양자 사이에는 '알고 싶다'와 '전달하고 싶다' 같은 신뢰는 존재하지 않는다. '전달한다/응한다'고 하는 사람과 사람과의 관계를 '시험 본다/정답을 맞추다'의 관계로 슬쩍 바꿔 놓은 모양새다. 말하자면, 지식을 어떤 열쇠를 가져야만 열 수 있는 소유물로 여기고 교사가 이를 관리하는 파수꾼처럼 행동하는 것이다.

명백히 잘못된 일이다. 이런 상황의 학교가 정말로 아이들에게 '살아 있는 교육의 장'이 되기 위해서는 교사가 먼저 이 '제도화'된 학교 언어를 스스로 벗어던져야 한다.

교사는 이미 자신이 알고 있는 지식을 학생들에게 물어서는 안 된다.

이런 의미에서 듣기의 철학, 임상철학이 필요하다. '듣기'에 관한 철학적 연구가 아니라 '듣기' 그 자체로서의 철학은 이런 의미에서 '다른 사람을 알고 싶다, 다른 사람과 닿고 싶다, 무언가를 전달하고 싶다'고 하는, 절박함에 의해 작동되고 있다. 그래서 듣기의 철학은 이런 소통의 장과 떨어져서는 존재할 수 없다.

와시다 키요카즈

CONTENT

일러두기

1. 원어는 한자, 히라가나, 로마자 순으로 밝혀 적었다.
2. 인물의 생몰년과 그리스어 로마자 표기는 괄호 안에 적었다.
3. 글·그림·논문 등은 〈 〉, 책은 《 》으로 구분했다.

1

'시도'로서의
철학

'듣기'는 아무것도 하지 않고 귀를 기울이는 단순한 행위가 아니다.
말하는 사람의 입장에서 '듣기'를 본다면, 다른 사람이
자신의 말을 받아들였다는 확실한 '사건'이다.

'듣는다'는 행위

1995년 1월 17일, 일본 효고 현에서 대지진이 발생했다. 일본 지진관측 사상 최대 규모의 지진이었다. 아는 사람 중 하나가 지진 현장에서 이재민에게 음식을 나눠주는 봉사활동을 하고 있었다. 그러다가 피난민 대피소에서 한 여성과 이런저런 이야기를 나누는 사이가 되었다고 한다. 그런데 그 여성은 수험생이던 아들이 자신 때문에 죽었다며 자책하고 있었다.

지진이 나던 날, 그녀의 아들은 밤늦도록 시험공부를 하다 거실에서 잠이 들었다고 한다. 평소 같으면 "감기에 걸리지 않게 방에 올라가서 자렴."하고, 2층에 있는 아들방에

억지로 올려 보냈을 것이라고 했다. 그런데 하필 그날따라 지쳐 잠든 모습이 안쓰러워 그냥 거실에 재웠는데, 새벽에 일어난 지진으로 2층이 무너져서 아들이 깔려 죽었다는 것이다.

그 후 여성은 자신 때문에 아들이 죽었다는 자책감으로 고통스러워했다고 한다. 지인의 말에 의하면, 그때 자신이 할 수 있는 일은 그저 그 여성의 말을 들어주는 것뿐이었다고 한다. 그런데 이 '듣는다'는 행위만으로 피난민 여성의 가슴속에 응어리졌던 상처가 조금씩 치유되어 가는 모습을 볼 수 있었다고 한다.

이 이야기를 듣는 순간, 내 머릿속에 무언가가 스쳐 지나갔다. 《의료의 클리닉》의 저자 나카가와 요네조가 실시했던 터미널케어(말기 암 환자 등 치유 가능성이 없는 환자를 돕는 의료 행위)에 종사하는 사람을 대상으로 한 설문조사였다. 대상은 의과 대학생과 간호학과 대학생, 내과 전문의, 외과 전문의, 암 전문의, 정신과의, 간호사였다.

이 설문조사는 죽음에 임박한 환자를 대상으로 한 의료 활동을 연구하는 두 명의 전문가가 만든 것으로, 이 분야에 종사하는 사람들 사이에서는 이미 널리 알려진 내용이라고 한다. 이 설문조사 중에는 이런 문항이 있었다. "환자가 '나는 이미 손을 쓸 수 없는 상태입니까?'라고 묻는다면, 의료 전문가인 당신은 어떻게 대답할 것입니까?"라는 물음이다. 그리고 다음과 같이 다섯 개의 선택지가 놓여 있었다.

① "그런 말씀 마시고 조금만 더 힘내세요."라고 격려한다.
② "그런 것까지 걱정하지 않으셔도 되요."라고 말한다.
③ "왜 그렇게 생각하세요?"라고 되묻는다.
④ "그 정도로 많이 아프시면 그런 생각도 들 수 있어요."라고 동정한다.
⑤ "이미 끝났어. 이런 기분이 드시는군요."라고 대답한다.

정신과 전문의를 제외한 의사와 의대생 대부분은 ①번을, 간호사와 간호학과 학생 대다수가 ③번을 선택했다. 이들의 선택에 대한 해석은 지극히 평범하다. 대신 정신과 의사들이 많이 선택한 ⑤번을 주목할 필요가 있다. 나카가와는 책에서 '선택지 ⑤번을 얼핏 읽어 보면 응답자가 환자의 말에 아무런 대답도 하지 않은 것처럼 보이지만, 실은 이것이 환자의 말을 확실하게 받아들였음을 보여주는 대답'이라고 설명한다.

'듣기'는 아무것도 하지 않고 귀를 기울이는 단순한 행위가 아니다. 말하는 사람의 입장에서 '듣기'를 본다면, 다른 사람이 자신의 말을 받아들였다는 확실한 '사건'이다. 이 과정을 거쳐야만 환자는 입을 열기 시작한다. 그리고 환자는 자신을 감싸고 있는 정체 모를 불안감의 실체가 무엇인지를 듣는 사람, 즉 의사에게서 찾기를 바란다. 원인을 확실히 밝혀내는 것만으로도 불안이 해소되는 경우가 대부분이며, 만약 그렇지 않더라도 문제 해결의 실마리를 찾아내는 경우가 많다.

나는 '듣기', 타자의 말을 받아들이는 것이 말하는 이에게 자기이해의 장을 열어주는 길이라고 생각한다. 가만히 이야기를 들어주는 일, 그 행위에서 나는 어떤 힘을 느낀다. 고대 그리스의 철학자가 '산파술', 또는 '시중드는 사람'이라 불렀던 그 힘을 말이다.

나는 이 책에서 독자와 함께 '듣기'라는 행위가 가진 힘을 밝히고자 한다. 이야기하고 의견을 내 다른 사람이 응하게 만드는 행위, 즉 논하고 주장하여 자신을 표현하는 말하기는 배제하고 '듣는 행위'가 지닌 의미에 주목하려 한다. 다소 애매하게 들릴 수도 있지만 '듣기'라는 수동적인 행위에 대한 다양한 견해를 살필 것이다. 그럼으로써 '듣는 행위로써의 철학'의 가능성을 모색하고자 한다.

철학의 모놀로그

듣기를 철학과 결부시키는 데 왠지 모를 거부감을 느끼는 사람도 있을 것이다. 충분히 예상 가능한 일이다. 여기서 문제는 '듣기'를 통해 다른 사람과 교류하는 방법이다. 그리고 그 방법은 한 개인의 연구와 분석에만 의존하기 어렵다.

여기서의 '철학'은 서양철학사나 대학에서 가르치는 철학 강의, 세미나가 아니다. 또 머리를 쥐어뜯게 만드는 철학자의 얼굴을 떠올릴 필요도 없다. 자신의 존재와 의식, 혹은 이 세계와 구조를 생각하는 일이다. 그리고 그 가능성과 근거를 스스로 묻고 자신과 세계에 대해 다시 한 번 되짚어보는 것이다. 이것을 서양의 기준에 따라 '철학'이라 부를 이유는 없다. 왜냐하면 그 생각의 폭이 학문의 틀 안에서 형성된 서양철학에 집어넣을 수 없을 정도로 크기 때문이다.

해답이 있는지 없는지조차 명확하지 않음을 우리는 잘 알고 있다. 하지만 끊임없이 묻기를 반복한다. 그냥 살아가는 게 아니라 생각하면서 살기에 우리는 모두 잠재적으로 '철학'과 밀접하게 연결되어 있다. 그래서 이 책에서는 철학의 의미를 '우리가 이 세상과 자신에 대해 사고하는 회로(回路) 내지는 매개체로서의 개념을 끊임없이 창조하는 행위'로 한정한다.

그렇다면 이렇게 정의한 철학에서 '듣기'를 논의의 주제로 삼는다는 것은 어떤 의미일까. '듣기의 철학적 힘'을 묻기에 앞서, 이른바 '지금까지의 철학'을 간략히 정리하려 한다. 지금까지의 철학은 지나치게 수다스러웠다. 앞으로 발생할 나의 '수다스러움'에 대해서도 미리 용서를 빈다. 이것은 내가 지금까지 철학을 교육함에 있어서도 막연하게 느껴왔던 걸림돌이다.

내가 이렇게 말해도 대부분의 독자들은 철학이야말로 진실한 언어, 즉 로고스(logos, 그리스어로 언어, 또는 언어를 매체로 표현되는 이성을 말함.)를 연구하는 행위이며, 그런 '철학의 언어'가 빠져 있는 세상은 거짓이 범람한다고, 혹은 그렇게 의심된다고 생각할 것이다. 또 〈요한복음〉 서두에 '태초에 말씀(로고스)이 계시니라. 이 말씀이 하나님과 함께 계셨으니 이 말씀은 곧 하나님이시니라.'는 말을 떠올릴 수도 있다.

그러나 이런 말씀이 '진실한 대화'를 억압하는 게 아닐까. 진실한 대화를 위해서 말하기보다 '듣기'를 배워야 한다. 다시 한 번 강조하지만, 이 책에서 내가 고민하는 것은 '듣기'가 갖는 의미와 힘이다.

우선 듣기의 의미를 논하기에 앞서, '말하기'의 철학을 먼저 설명하려고 한다. 언어에 관한 철학적 분석은 특히 20세기 후반 분석철학자들에 의해 세밀한 부분까지 논의되었다. 언어행위론과 언어게임론이 대표적인 예다. 또 구조언어학자들에 의해 파롤(parole, 프랑스의 언어학자 소쉬르가 만든 용어로 언어생활 중 개개인이 사용하는 일상적인 용어를 가리킴) 등의 문제가 정밀하게 다루어졌다. 물론 일부 철학자들이 산발적으로 '듣기'의 철학적 분석을 시도한 적은 있지만, '말하기'의 철학에 비하면 미미한 수준이다. 더욱이 철학이 어떤 대상에 대해 논하고 써 내려가는 행위로 존재하는 한, 철학적 실천으로서의 듣기는 자기모순에 빠질 수밖에 없으며 이외의 가능성 역시 언급할 필요가 없어진다.

누구나 말을 하기 위해서는 먼저 다른 사람의 이야기를 들어야 한다. 말하기는 결국 누군가를 향해 내뱉는 것이기 때문이다. 강연과 강의 등의 특수한 상황을 제외한 일반적인 경우, 한 사람이 30분이나 한 시간 정도 일방적으로 이야기한다면 매우 이상하게 느껴질 것이다. 대화는 사람과 사람 사이에서 서로 주고받으면서 형성되기 때문이다. 대화는 의미 그대로 서로 언어를 교환하는 일, 즉 로고스를 구별하는 일을 말한다. 말하는 것만으로는 대화가 성립되지 않는다. 그래서 애초부터 철학적 대화는 듣는 과정이 내포되어 있다고 봐야만 한다.

철학의 스타일

말이 화살과 같이 날아간다, 가슴을 찌른다, 하나하나 들어맞는다, 말에 뼈가 있다, 말이 꼬인다, 입이 거칠다, 냉정하게, 딱딱하게, 무겁게 말하다⋯⋯. 이 같은 표현은 비유법에 내포된 의미를 받아들이는 것이 아니라, 문자 그대로 의미를 받아들여야 하는 관용어들이다.

대화에서는 일반적으로 말에 내포된 의미가 중요하지만, 뉘앙스를 먼저 파악해야 하는 경우도 있다. 말하는 내용이 아니라 말투를 통해서 의도를 파악해야 하는 경우도 있기 때문이다. 그런데 지금까지의 철학은 로고스에만 치중한 나머지, 말의 뉘앙스에는 무신경했다. 철학은 내용뿐 아니라 논하는 말투 자체로도 다른 사람의 지지를 이끌어내거나, 상처를 입힌다는 사실을 망각한 것이다. 번역된 철학책을 보면 이런 생각이 자연스럽게 드는 문구가 가끔씩 눈에 띈다. 아니, 글자만 대충 봐도 그렇게 느껴지는 경우가 있다.

이따금 철학자들은 가방 안을 들여다보고 수화물을 넣을지 말지 점검하는 문지기처럼 군다. 여기서 수화물이란 '철학적 태도와 방법'을 말한다. 철학적 방법은 방법론으로서 강박관념의 경지에 이른 '고집'을 말한다. 아도르노

(Theodor Wiesengrund Adorno, 1903~1969)는 이 방법을 '비-방법이라는 방법'으로 대치하고 '에세이'라고 명명했다. 이것은 뒤에서 보다 상세하게 다룰 것이다.

독일의 현상학자 헤르바르트(Johann Friedrich Herbart, 1776~1841)는 "선한 눈빛과 악한 눈빛, 올바른 표현과 잘못된 표현은 윤리와 논리라는 법칙표에서 시작된 것이 아니라 일상에서 일어나는 다양한 착오에 말려들면서 시작된다."고 말했다. 아무튼 여기에서는 '철학적 태도'를 다루려고 한다. 이어서 '철학적 말투'에 대해, 더 나아가 '듣기의 철학적 힘'으로 논의를 확대하고자 한다.

다른 사람과 대화하기 위해서는 당연히 내 이야기만 들어주길 바라서는 안 된다. 자신도 상대의 이야기에 귀를 기울이는 자세가 필요하다. 그런데 여기서 '듣기'가 철학의 행위로써 실행되려면, 철학이 일반인의 곁으로 내려와야만 한다. 그러나 안타깝게도 현재 일반인들은 철학적 언어를 매우 제한적으로 사용하고 있다. 일상생활에서 철학을 이야기하는 것 자체가 매우 드문 일이다.

이런 상황에서 철학자가 일반 대중들 앞에서 철학을 논하는 것이 가능한가. 어쨌든 지금의 철학적 언어는 겨우 백년 남짓한 역사를 갖고 있고, 이것이 일반인들 사이에서

'철학'이라는 이미지로 유통되고 있다. 그래서 대부분의 사람들이 철학의 실체를 접해 보지도 못하고, 철학을 연구하는 사람들끼리 소용돌이 같은 논쟁만을 되풀이할 뿐이다. 또 그들끼리 이야기하는 철학의 정의와 방법에 관한 의견도 일치하지 않는다. 그런데 대중 앞에서 철학을 이야기하는 것이 무슨 의미가 있을까.

그러나 '그노시스(gnosis, 지식)'가 아닌 '소피아(sophia, 지혜)'에 무게를 둔 철학은 경험의 산물로서, 세월이 흐른 후에 잘 짜인 직물처럼 나타난다. 이렇게 시간의 침전물 속에서 건져 올린 것이어야 '철학의 언어'라 할 수 있다. 그런데 여기에서 말하는 철학적 언어를 철학 연구자들이 가장 정확하게 표현할 수 있느냐고 묻는다면 대답은 '아니'다.

철학 연구자들은 예로부터 전해 내려온 철학을 배우고 정리하는 일을 주로 하지, 철학의 언어까지 철학 연구자들이 만든 것이라고 말할 수는 없기 때문이다. 과거에는 철학을 연구하는 사람들이 아니라 철학의 언어를 만들어 내는 사람, 혹은 자신과 자신을 둘러싼 세계를 이해하기 위한 '개념'을 창조하는 사람을 철학자로 생각했다. 그런 사람들은 직업이 무엇이든 '철학자'라 불리거나 "철학이 있다."는 소리를 들었다. 그런 의미에서 철학은 이미 오래전부터 사람들 사이에서 존재하고 있었다. 단지 그것을 꼭 집어 '철학'이라 부르지 않았을 뿐.

한편 소피아, 철학적 지혜는 '사물에 대한 지식(acquaint-ance with a thing)'이라고 표현되는데, 평론가 고바야시 히데오(小林秀雄, 1902~1983)가 일찍이 '사고하다'라는 단어를 설명한 글에서 그 맥락을 찾을 수 있다. 비록 미완으로 끝났지만, 방대한 《베르그송 – 론》을 잡지에 기고하던 고바야시는 '사고하다'라는 행위를 다음과 같이 서술했다.

> 그의 주장에 따르면, '사고하는' 행위는 '마주 대하다'의 음편(音便)을 통해 알 수 있듯이, 원래는 '비교하다'라는 단어였다. 이는 '이것저것을 비교해서 생각한다는 의미'로 해석할 수 있다. 그렇다면 여기서 내가 사고 대상을 생각하는 기본적인 형태가 '나'와 '대상'을 '비교한다'는 의미다. '사고하다'는 그 대상에 대해 단순한 지적활동을 하는 것이 아니라, 대상과 나를 교차시키는 행위다. 그것은 사고 대상을 외부로부터 깨닫는 것이 아니라, 자기 안으로부터 느껴지는 경험을 말한다.
>
> 고바야시 히데오, 〈사고한다는 것〉

사고 대상과 나를 교차시키는 일, 즉 대상을 외부에서 깨닫는 것이 아니라 스스로 느끼는 것이 고바야시가 다루고자 했던 베르그송의 '철학적 직관(直觀)'이다. 베르그송은 직관을 '사고 대상의 내부에 뒤섞여, 대상이 가진 특별함과 정확히 표현할 수 없는 어떤 것을 나와 하나로 만드는 과정에서 생겨나는 공감(sympathy)'이라고 정의한다.

직관은 대상에 직접 접하는 것, 즉 대상의 내부에서 그것을 파악해 가는 것이다. 이와 대립하는 것은 실재를 기호로 번역하는 과정, 즉 분석이다. 베르그송은 분석을 대상의 그림자나 대상과의 관계를 둘러싼 지식으로 생각한다. 그래서 그에게 분석은 피상적으로 대상을 인식하는 것에 지나지 않는다.

비슷한 시기, 베르그송과 마찬가지로 대상에 관한 지식을 둘로 나누고 비교한 인물이 있다. 근본적 경험론(radical empiricism)을 주창한 철학자 윌리엄 제임스(William James, 1842~1910)다. 그는 스스로 깨달은 지식을 '직접지(knowl-edge by acquaintance)', 무언가에 대한 개념적 지식을 '~에 관한 지식(knowledge-about)'으로 정의하고 이를 날카롭게 대립시켰다.

여기에서 '마주 대하다'는 대상을 마주한다는 경험이 아니다. 내가 '말한다'는 형식으로 다른 사람의 앞에 선다는 것은 팽팽한 긴장감으로 가득 찬 공간에 자신을 옮겨 둔다는 의미다. 즉 내가 다른 사람에게 이야기를 거는 것이 아니다. 누군가로부터 이야기를 들을 때, 그 이야기를 받아들이는 방법은 명백히 듣고 있는 사람이 갖고 있는 '이야기' 중 하나로써 의미가 규정되기 때문이다. 이것은 다른 사람과 대화를 나눌 때 나의 떨리는 눈빛이나 망설임, 단어의 선택, 세밀한 수정 등으로 사용되는 에너지를 생각해 보면 금방 알 수 있다.

물론 대화의 모든 변화를 계산에 넣고 상대방의 표정과 작은 변화까지 눈여겨보며, 긴장된 분위기에서 서로가 상대방의 마음속 깊숙한 부분까지 알아 가는 방법도 있다. 그러나 이 방법은 자신을 상대와 '교환'해야 하기 때문에, 교류의 한계에 부딪치는 경우가 대부분이다. 이 방법을 통해 다른 사람과 대화할 때는, 다른 사람의 말투를 있는 그대로 받아들이는 것 외에는 다른 방법이 없다. 이렇게 대화를 하다 보면 언젠가 상대가 마치 벽처럼 느껴지는 순간을 맞닥뜨리게 된다.

여기서 문득 떠오르는 이야기가 하나 있다. 어느 시인이 내게 들려준 '버려진' 경험에 관한 이야기다. 한 여자를 둘러싼 삼각관계 속에서 선택을 받지 못한 한 남자에 관한 이야기였다. 이때 그 시인은 '끊어 낼 수 없는 논리'라는 말을 썼다. 그리고 자신은 사람과 사람 사이에서 발생하는 모든 일에 '끊어 낼 수 없는 논리'가 적용됨을 믿는다고 했다. '버린' 사람은 어떨지 몰라도 '버려진' 사람은 인연을 끊으려

해도 결국 끊지 못한다는 이야기였다.

그런데 여기서 말하는 '끊어 내는 것'을 '자르다'로 바꿔 말해도 무방할 것이다. 理(여기서의 理는 '이치'를 뜻하고, 이는 분석에 기반해 잘라낸다는 의미), 즉 정밀하게 분석해 자른다는 것은 한계에 부딪히고 그곳에서부터 다시 시작해야 진실한 의미에서의 '사고'가 시작된다는 의미다. 나는 시인의 말을 그렇게 이해했다.

이 대화를 통해 사고는 내용이 아니라 '사고하다'라는 그 단어가 걸레를 비틀어 짜듯이 짜낸 그 단어 자체의 어떤 뉘앙스와 중량을 가지고 있음을 알 수 있었다.

철학의 위기

지금은 세상을 떠난 시인 다니가와 간(谷川雁, 1923~1995)은 일찍이 '시의 현재'에 대해 다음과 같이 서술한 바 있다.

시가 죽었다는 사실을 알지 못하는 사람이 많다. 지금 세상에 나온 모든 작품들은 시가 죽었다는 사실에 대한 놀람과 안심, 앞으로는 시가 탄생하지 못할 것이라는 사실에 대한 실망과 심경의 변화를 '시의 형식으로 표현한 것'이다. 물론 그 안

에도 쾌감을 느끼게 만드는 무언가가 있다. 그러나 그것은 시
가 아니다. 본래의 시라고 할 수 없다. 이것은 세계와 몇몇 단
어를 저울질해서 둘 중 하나를 포기했다는 의미다.

– 다니가와 간, 〈따뜻한 색의 비극〉

닮았다. 닮아도 너무 닮았다. 한 마디 한 마디가 철학의
현재 모습을 묘사하는 것 같다. 철학의 쇠퇴, 혹은 하이데
거가 말한 '철학의 종말'은 놀라움이며 동시에 은밀한 안심
이다. 또 지독한 '실망감'에 의해 초췌함과 태도의 변화도
동시에 일어난다. 나는 이것이 현재 철학을 연구하는 사람
들이 자신의 자존심과 불안을 지나치게 반영한 결과라고
생각한다. 그러나 여기에서 꼭 짚고 넘어가야 할 대목이 있
는데, '이것은 세계와 몇몇 단어를 저울질해서 둘 중 하나
를 포기했다는 의미다.'이다.

《서구의 몰락(*Der Untergang des Abendlandes*)》에서 유럽을 '해
가 지는 저녁의 나라'로 묘사하며 몰락을 제기한 슈펭글러
(Osward Spengler, 1880~1936)와 '위기'라는 제목으로 더 많이
알려진 《유럽 학문의 위기와 선험적 현상학: 현상학적 철
학 입문(*Die Krisis der europäischen Wissenschaften und transzendentale
Phänomenologie*)》을 써 서구적 지성의 쇠퇴를 우려한 후설
(Edmund Husserl, 1859~1938), 역사적 관점에서 '위기로의 회

귀'를 철학의 주제로 삼았던 오르테가 이 가세트(Jose Ortega y Gasset, 1883~1955), 미디어 시대의 도래와 문명의 위기를 예견한 막스 피카르트(Max Picard, 1888~1965), 《멋진 신세계(Brave New World)》의 저자 올더스 헉슬리(Aldous Huxley, 1894~1963)와 《1984(Nineteen Eighty-four)》, 《동물농장(Animal Farm)》을 쓴 조지 오웰(George Orwell, 1903~1950) 등은 위기의식을 강하게 환기시킴으로써 비평의 힘을 유지했다. 마치 곡예 하듯 아슬아슬하고 위험한 사고조차 영웅적으로 비춰지던 시대였다고 생각하는 편이 나을지도 모르겠다.

'세계의 위기'와 '철학의 위기'를 동일시했던 것은 철학자들이 마지막으로 느낀 행복한 착오였을지 모른다. 유네스코에서 발행한 보고서 〈철학의 종말과 사유의 사명〉에서 하이데거는 "하나, 어떤 면에서 현재의 철학은 마지막 단계에 접어든 것이 아닌가? 둘, 철학의 종말을 맞아 어떤 사명이 철학적 사유를 위해 보전되고 남겨져야 하는가?" 하는 질문을 던졌다. 이런 질문이 국제 심포지엄 중 대독되던 시대까지는 아마 행복했을 것이다.

그러고 보면 'critical'은 위기(crisis)와 비판(criticism), 두 단어의 형용사로 쓰인다. 애초부터 critical은 '분할하다'는 의미를 가진 고대 그리스어 '크리네인(krinein)'에서 파생된 단어다. 그래서 critical age는 신체에 커다란 변화가 일어나는 갱년기를 가리키며, critical illness는 생사를 넘나드는 중병을, critical moment라고 하면 천하를 가르는 중대한 국면을 가리킨다.

이런 의미에서 보면 철학은 그 가능성 자체를 의심—진실됨의 기준을 제시하는 전통적 과제로서의 회의(懷疑)—받았다. 또 일찍이 철학적 반성에 의해 불순한 계기로 배제되어 온 언어와 전통, 우리가 생활하고 있는 세계 등 사고 외의 모든 현상을 사고의 매개체로 새롭게 음미하면서 철학과 비평으로 연관 지었다. 이 자체가 바로 철학의 위기를 보여주는 징후들이다. 인간의 몸속의 위나 장 같은 장기가 제대로 기능을 하지 않아야 비로소 의식하게 되는 것과 같은 현상이다.

철학의 강박관념

'세계와 몇몇 단어를 저울질해서 흔들릴 가능성', 그런데 철학에 아직 그 가능성이 남아 있을까. 혹시 철학이 불식하지 않으면 안 되는 최후의 고정관념 아닐까. 나는 이 문제야말로 지금 철학이 아슬아슬한 지점에서 추궁당하고 있기 때문에 등장했다고 생각한다. '반(反)-철학', 혹은 '해체

(deconstruction) 철학'이라 불리는 현재의 철학적 사고가 어쩌면 언어유희처럼 보일지도 모르겠다. 곡예와 같은 표현들에 구애받을 수밖에 없다는 사실도 이 문제들과 깊이 연관되어 있기 때문이다.

철학자들은 이것을 오랫동안 묵혀 둔 과제, 통상적으로 '기초학(grundwissenschaft)'이라고 부른다. 또 거의 모든 학문의 가장 확실한 부분을 담당하고 있어 '모든 학문의 여왕'이라고 부른다. 철학자들은 이렇게 기초를 만드는 작업을 '기초 쌓기'이라고 불러왔다. 기초학에서는 모든 지식은 마지막에 그 어떤 의문도 끼어들 수 없는 절대적으로 확실한 명제와 소급할 수 있는 것이 아니면 안 된다고 여긴다. 그리고 절대적이고 확실한 명제를 찾아내려면 지구를 단 하나의 축으로 움직일 수 있는 '아르키메데스의 지점(데카르트)'을 발견해내지 않으면 안 된다고 주장한다. 모든 판단이 아르키메데스의 지점에서 스스로 타당성의 근거를 얻어내는 일, 그것이 바로 철학의 과제라는 것이다.

기초학의 등장 이후, 두 가지의 고정관념이 철학에 뿌리내리게 되었다. 하나는 체계성과 '깊이'에 관한 강박관념이다. 주춧돌을 땅속 깊이 파 넣고 기초 공사가 제대로 이뤄져야 그 위에 '근거에 기초한 인식'이 체계적으로 구축된다고 하는 '심원적인 학문'으로서의 이미지다. 그래서 근거와 근저, 지반과 기반, 기초와 기조, 거기에 근원과 시원이라 말하는 '은유'가 철학의 언어 속에 깊이 침투해 있다. 번역된 철학서의 문체가 중후한 인상을 남기는 것도 이런 사정 때문이다.

또 한 가지의 고정관념은 철학적 사고가 '성찰'이란 방법을 통해서만 이뤄진다는 생각이다. 반성이란, 결국 자기 자신과의 관계다. 그러니까 '반사(reflection)'와 같은 단어로 표현되어 왔던 것이다. 철학적 사고란 심사숙고(深思熟考)라는 단어에서도 알 수 있듯이, 그 무엇보다 먼저 자신의 내부로 시선을 돌려서 스스로의 내면으로 깊이 침잠하는 것을 가리킨다. 이것은 철학의 주체로서 신의 내부가 진리의 근거, 또는 진리가 생성되는 보편적인 장소임을 보여주는 대목이다. 바꿔 말하면 '성찰'이 상호비판이라는 형태를 제외하고는, 사고의 틀 안에서 다른 사람과 영향을 주고받는 관계가 아니라는 뜻이다. 그러나 여기서 우리는 자기 자신과 연관된 '성찰'이 어떤 매개체 없이도 충분히 가능하지 않을까, 상호비판 외에는 다른 사람과 영향을 주고받는 관계임을 인정할 수밖에 없지 않을까와 같은 물음과 맞닥뜨리게 된다.

20세기 철학은 이 두 가지 고정관념에 의문을 제시했다. 여기에서 철학이 처했던 상황에 대해 구구절절하게 이야기할 생각은 없다. 다만 '성찰'에 따른 '기초 쌓기'가 최종적으로 불가능해져서 '철학의 위기'가 발생했다는 정도로 끝내려 한다. 그러나 나는 철학이 이렇게 '위기'라면서 스스로를 궁지에 몰아넣는 작업이야말로 철학의 진정한 영역이라고 생각한다.

'위기의 시대'에 그럴싸한 해석이나 꿈을 부추기는 것이 아니라, 설령 '시대의 독'이라 불릴 지라도 논리적으로 뛰어들고자 하는 의지가 철학의 진정한 모습이라고 믿는다. 철학은 안이하고 거짓된 해결책에 지나치게 눈을 반짝였다. 그래서 때로는 너무나도 엄정한 체계적 정합성을 요구함으로써 아포리즘(aphorism)이라는 짧은 형식으로, 세계를 논하게 된 것이다.

여기서 '철학'이 대화와 함께 시작되었다는 사실을 되짚어볼 필요가 있다. 고대 그리스의 철학자 소크라테스는 길에서 일반 대중과 대화하기를 거듭했다. 대화를 통해 다른 사람의 언어(로고스)를 이끌어내고, 스스로 그것이 진짜 지식(episteme)과 연계될 때 조력하는 매개자(산파)가 되었다. 그는 한 권의 책도 남기지 않았지만, 플라톤이 소크라테스의 대화들을 《대화편》으로 재구성했다. 에크리튀르(écriture, '쓰인 것', 또는 '문자'를 나타내는 프랑스어)로써 대화법이 희귀

하다고 말하는 것은 아니다. 주목해야 할 점은 철학이 논문이나 연설에서부터 시작된 것이 아니라 다른 누군가와 대화를 나눔으로써 시작됐다는 것이다.

여기서 우리들이 염두에 두어야 할 사실은, 앞에서 누차 지적한 것처럼 '철학의 위기'는 '누구 앞에서, 무엇에 대해 대화가 이뤄지는가?'라는 질문을 철학 스스로에게 던지지 않으면서부터 시작되었다. 철학에서 '반성'이라고 하는 행위는 다른 사람이 없는 곳에서 혼자 하는 게 아니라 다른 사람과의 관계라는 장을 만들고 그 안에 자신을 놓아두는 것이다.

철학자는 제일 먼저 '철학의 외부', 타자를 의식해야 한다. 여기서 말하는 '외부'는 대학이나 철학 연구자 집단의 외부를 뜻하는 것이 아니다. 철학자는 어디까지나 '메타(meta, 더 높은)'의 차원에 속한다. 무언가에 대한 물음은 대상에 국한된 것만이 아니다. 자기 자신을 향해서도 던지지 않으면 안 된다. 비판은 언제나 자기비판을 내포해야 한다는 뜻이다. 이와 같은 자기음미가 철학에서는 논리학이고 인식론이며 언어분석이다. 그리고 이 '메타'가 어느 영역에 속하는지 묻는 것이 철학의 중추신경이 된다. 철학이 스스로 이것을 묻지 않고 대중과 마주한다는 것은 기괴한 일이다. 철학이 대중과 마주하는 것은 1980년대 독일에서 일었던 '철학적 실천운동philosophische praxis'과 깊은 연관이 있다. 사족을 하나 덧붙이면, 이 단어는 독일어로 '철학의원(醫院)'으로도 읽힌다.

여기서 말하는 '외부'는 자기 자신과 맺는 반성이라는 관계의 외부, 즉 다른 사람과 교차하는 장면을 말한다. 이 '외부'를 논하는 과정에서 칸트를 연구한 철학자라면 누구나 자동으로 다음의 유명한 문장 하나가 떠오를 것이다.

"보통 사람의 이성은 나침반이 되어, 현실에서 접하는 모든 사건에 대해 무엇이 의무이고 무엇이 의무가 아닌가를 구별하는 역할을 한다. 이때 보통 사람의 이성에 대해 이쪽에서 새로운 사실을 알려주지 않아도 소크라테스처럼 이성 자체의 원리에 주의를 기울이게 하는 것만으로도 충분하다는 점, 또 모든 인간은 정직하고 선량한 존재이며 현명하고 도덕적인 존재여서 무엇을 하면 안 되는지를 이미 알기 때문에 학문도, 철학도 전혀 필요하지 않다는 점, …… 일반인의 오성(悟性)은 철학자와 완전히 같은 모양새로 올바른 이해에 도달할 수 있다는 포부를 가질 정도다. 그렇지 않더라도 어떤 한 부분에 대해서만 철학자보다도 확실하다고 말할 수 있을 정도다. …… 통상적인 인간의 오성으로도 충분하다고 생각하며, 철학이 세상에 들고 나온 것이라고 해 봐야 도덕 체계를 완벽하게 갖춰 알기 쉬운 형태로 만든 것에 지나지 않는다. 그리고 도덕의 규칙을 실용적이고 편리한 형태로 나타내기 위해서 통상적인 인간의 오성을 행복한 소박함에서 떼어 낸 철학을 통해서만 보다 깊은 연구와 지식습득의 새로운 길을 개척하게 하는 방식은 이제 그만두어야 할 때다."

임마누엘 칸트, 《윤리형이상학 정초》

칸트는 인간이 무엇은 하고, 무엇은 하지 말아야 하는지를 스스로 판단할 수 있기 때문에 학문도, 철학도 필요 없다고 여기는 사고를 '형태'로 표현하고 있다. 예를 들어 《순수이성비판》에서 '세계개념(누구라도 관심을 가질 수밖에 없는 형태에 관한 개념)의 철학'과 '학교개념의 철학'을 구별하는데, 주의를 촉구하는 대목을 들 수 있다. 여기서 칸트는 '철학(역사학적인 지식이 아닌 한)은 결코 배울 수 있는 것이 아니며, 이성이란 겨우 철학하는(philosophieren) 법을 배울 수 있다는 사실에 지나지 않는다.'고 서술했다. 그러나 현재 'philoso-phieren'의 의미가 대학과 학회 같은 연구기관 안에서 제도화되면서 비연구자들에게는 개방되지 않는다. 바꿔 말하면 '철학이 누구를 대상으로 대화하고 있는가?', '스스로에게 묻지 않고 있는 것 아닌가?' 자문해야 하는 상황이다.

철학이 사고의 기술과 철학에 대한 역사적·문헌학적 지

식(하이데거는 이것을 '철학학(philosophie-wissenschaft)'으로 부름)이 되어 버린다면, 미래의 철학 연구자들은 아도르노가 말한 대로 '철학의 사감 선생' 혹은 '철학의 관리자', '기술 감독관'이 되어 버릴 수밖에 없다. 정말로 답답한 일이 아닐 수 없다.

철학의 구조

여기서 가장 문제가 되는 것은 '기초학'으로써의 철학이다. 즉 모든 지식의 기초이며 최종적으로는 결국 자기 자신을 기초로 하지 않으면 안 된다는 전제는 철학에 대한 과도한 요구다. 철학은 '모든 지식의 태초에서부터 궁극적인 기초를 쌓는 것'이다. 그렇기 때문에 후설의 논지를 빌려 말하자면, 궁극의 기초(radix)에 입각함은 물론이고, 수속 과정에서도 근원적(radikal)이지 않으면 안 된다는 의미를 내포하고 있다. 아도르노가 엄격하게 비판했던 것도 이렇게 일종의 극단적인 방법주의에 입각한 사고에 대한 감시였다.

'방법주의 비판'을 조금 더 단순하게 말하자면, 무언가를 '철학적'으로 사고하려고 할 때 가장 먼저 철학하는 방법을 확실히 결정한 후에 행해야 한다는 '사고법에 제한'을 들 수 있다. 사고 대상이 되는 쪽에서 보면 어떤 의미에서는 억지로 끌려오게 만드는 방법이다. 또 대상과 접촉하는 중에 처음으로 나타나는 것이기도 하다. 대상과 접촉하기 전에는 '방법'이 있을 리 없다. 다수의 철학은 스스로에게 우선 방법론을 확실히 구축해 두지 않으면, 분석을 시작할 수 없다는 규칙을 엄격하게 적용시켜왔다.

니체는 '19세기 과학의 융성은 과학의 승리라기보다는 방법의 승리였다.'고 서술했다. 또 학회에서 주의와 객관의 이분법이나 객관주의 등이 근대철학의 족쇄였다고 평가받는 것 자체가 방법주의야말로 근대 이성이 빠져 있던 고정관념이었음을 보여주는 것이다. 물론 연구의 범위를 제한하는 폐쇄적인 방법만이 아니라 분석의 지평을 새롭게 열어가는 발전적인 방법도 있다. 하지만 발전적인 방법, 그 자체는 깊은 연구를 통해 발견되는 무언가에 의해서만 배울 수 있는 것이다.

현상학을 창시한 후설은 아카데미즘의 철학과 논리학, 인식론 등의 철학이란, 학문의 기초를 논하는 모든 기초학 중에서 가장 전형적인 철학이라 이야기했다. 그는 말년에 한 제자에게 이런 이야기를 했다고 전해진다.

후설이 어렸을 때 작은 칼을 하나 선물 받은 적이 있는데, 칼날이 날카롭지 않아서 베는 맛이 나도록 몇 번이고 갈았다고 한다. 꿈속에서도 칼날을 갈 정도로 열중하다가 문득 정신을 차리고 보니, 그 칼은 아무것도 벨 수 없을 정도로 칼날이 닳아버린 후였다고 한다. 후설은 이 일화를 매우 슬픈 표정으로 말했다고 한다.

이 이야기 속에는 사고의 대상에게 '베는 맛이 나도록' 압박할 것이 아니라 '칼날을 가는 법을 가르쳐 주는 목소리를 들어야 한다'는 가르침이 녹아있다. 이를 위해서라면 때로는 일부러 부드럽지 않게 말을 내뱉을 필요도 있다. 거친 말, 마음에 걸리는 말, 따끔한 말 따위를 말이다.

철학적 사고는 지금까지 개별적인 대상과 사건, 형태에 계속 구애를 받았다. 그러나 여기서는 개별적인 문제가 하나의 사례로 취급받는 것이 아니라 개별적인 그 형태 그대로 주어지지 않으면 안 된다. 개별적인 대상과 사건, 희극에서 사라진 '물음'을 풍부하게 그려내지 않으면 안 된다. 철학이 엄밀하고 체계적인 사고를 목표로 함과 동시에 단편적인 단어에 의해서만 그려진다는 사실, 질문자의 말투나 질문하는 방법, 피질문자가 받는 느낌까지 신경을 써야 하는 이유도 이 때문일 것이다. 그래서 현재 철학이 가장 신경을 써야 하는 부분은 에크리튀르의 형식, 즉 말투(texture)가 아닐까. 철학의 문제는 왜 '딱딱'해졌는가. 왜 장부를 작성하듯 문헌적인 문체를 쓰게 되었는가.

카쿠 아키토시(加来彰俊, 1923~)는 그의 저서 《19세기 철학사가》에서 이것이 비단 일본 철학자들만의 문제가 아니라고 지적한다. 서양 철학자들 역시 사정이 비슷했다. 카쿠는 헤겔 이후 독일어권에서 활동했던 하르트만(Eduard von Hartmann, 1842~1906), 피셔(Kuno Fischer, 1824~1907), 슈베글러(Friedrich Karl Albert Schwegler, 1819~1857), 셸러(Max Scheler, 1874~1928)와 같은 철학사가들의 연구 방법이 이전까지의 철학을 단순한 역사로 보는 문헌학적 접근과 철학적 해석 사이에서 계속 갈팡질팡하다가, 결국 문헌학적 접근이 철학사 연구의 주류가 되어가는 과정을 상세하게 다루고 있다. 이 과정에서 철학은 분업화·전문화되었고, 철학사 서술이 '시대와 국적에 따라 진열된 회로'처럼 되어버린 현실을 불쾌하게 회고했다. 그러면서 '철학사가 올바른 철학의 방법론적 원칙이 되어 철학의 필수불가결한 성분이 되어야만 한다면, 철학사 연구는 진정으로 순순한 의미의 역사적 연구에 다다를 수 없을 것이다.'라고 적고 있다. 그러나 진짜 문제는 아직 펼쳐지지도 않은 상태였다.

'에세이'라는 이념

아도르노는 철학에서와 같이 방법주의적 발상에 대한 비판적 의식을 '방법적으로 비–방법적인' 형태, 즉 '에세이'라는 쓰기법 안에서 확인한 사람이다. 그는 '에세이는 자신이 사용하는 개념에 정의를 내리거나 하지는 않는다.'고 서술하면서 산문에 의한 비평적 단편이라는 형식 중에서 반–방법주의, 반–체계로서 에세이를 제대로 읽고 이해해야 한다고 주장했다. 이것을 검토하기 전에 철학의 '외부' 관계와 관련된 중요한 문헌이 있다. 그것은 데이비드 흄이 쓴 '에세이를 쓴다는 것("Of Essay Writing", *The essays moral, political and literary of David hume, 1741-1742*)'이란 제목의 글이다.

흄은 이 글에서 정신적인 일과 관련된 사람을 '학식 있는 사람'과 '이야기를 좋아하는 사람'으로 분류했다. 그리고 전자에게 필요한 것은 '여가와 고독' 및 '장시간에 걸친 준비와 매우 힘든 노고'이고, 후자에게 필요한 것은 '유쾌함에 대한 흥미와 지성의 품격을 바르게 사용하는 것', '동포와 사교, 대화'라고 주장했다.

아울러 두 가지가 이렇게 분리된 사실 자체가 '현대의 커다란 결함'이며, 이것이 지식의 세계나 사교의 세계에 나쁜 영향을 끼쳤다고 주장했다. 즉 사교계의 대화에서는 역사와 정치, 시, 철학을 둘러싼 화제 대신 시종일관 영양가 없는 말만 오고간다고 보았다. 한편 학문은 학교와 연구실에 갇혀 세상과 동떨어졌다. 철학자는 은둔형 외톨이나 속세를 떠난 사람처럼 되어버렸다. 이렇게 둘로 분리된 것이 반드시 하나로 모아야 했다. 스스로 문제를 해결하기 위해 학문의 영역에서 회화의 영역으로 이끄는 역할을 자청해 두 개의 영역이 교류할 수 있는 통로가 생길 수 있도록 노력해야 했다.

이렇게 문인과 세상 사람들을 잇는 가교가 되기 위해 흄이 선택한 최선의 방법은 '에세이를 쓰는 것'이었다. 오늘날에는 수필처럼 비교적 가벼운 글쓰기가 에세이지만, 흄이 활동하던 시기에는 제대로 된 시론(試論)이라고 할 수 있을 정도의 무게였다. 당시에 발간된 로크의 에세이 《인간오성론(*Essay concerning human understanding*)》과 버클리의 《시각신설론(*An Essay Towards a New Theory of Vision*)》, 라이프니츠의 《신-인간오성론(*Nouveaux assais sur l'entendement humain*)》, 흄의 《인간오성에 관한 철학논집(*an enquiry concerning human understanding*)》 등이 이를 뒷받침해 준다.

애초에 에크리튀르의 역사에서 '에세이가 무엇인가.' 하고 고민하기 시작한 쪽은 서양이다. 근래에 진행된 연구로는 프랑스 랭스대학의 이본느 베랑제가 《몽테뉴 정신을 위한 축제》에서 '에세이'라는 단어의 의미를 그 어원부터 거슬러 올라가서 검증했다. 베랑제는 몽테뉴 저서의 표제에서 쓰인 '에세이(Essais)'는 '계량'을 의미하는 비속한 라틴어 단어 'esagium'에서 기원한 것이며, essais의 의미는 실험(exercitation), 경험(experience)과 거의 동일하다고 밝혔다. 몽테뉴가 살던 시대에는 '에세이'가 '논쟁(disputations)', '격언(sentenses)', '금언(motsdorés)', '대담록(entiretiens)', '잡설(diversité)' 등의 단어들과 함께 책 제목으로 종종 이용되었다. 베랑제는 몽테뉴가 에세이라는 단어를 '그의 지적 표현, 생활양식, 자아실험을 나타내기 위해서 즐겨 사용했다.'고 서술했다. 이처럼 '시도'로서의 에세이란, 지금 이 시점에서 '에크리튀르 형식'의 사고 형태 중 하나로서 가졌던 의미이며 현재 재생되길 요구하는 의미를 긍정적인 영역으로 끌어올린 것이다. 아니 그보다 '시도'로서의 가치를 에세이가 내장하지 않은 철학은 그 '힘'을 잃어버리게 될 것이다.

에세이라는 형식은 말할 것도 없이 방법적 의식이 희박한 글쓰기로, 문학사에서 종종 무시 당하는 에크리튀르 장르다. 에세이가 '잡종의 소산'으로 부정적으로 평가받는 상황 속에서 아도르노 역시 '납득할 만한 형식의 전통은 결여되어 있지만, 형식의 엄격한 요청을 아주 드물게 충족시켰다.'는 세간의 평가에서부터 시작해 에세이론을 써 내려가기 시작한다. 이런 의미에서 '시도'는 오른손에 쥔 철학의 논고와 함께 다른 한 편에는 '또 다른 계보'를 쥐고 있다.

산문의 형식을 띤 비평적 단편이라는 점에서 에세이는 몽테뉴와 파스칼에서부터 레오파르디와 에머슨을 거쳐 니체와 게오르그 짐멜, 발터 벤야민으로 연결되는 선이며, 때로는 단편적인 사고형식에 연관된 비판적 사고 운동이었다. 최종적인 '시도'는 반-체계적, 반-방법주의적인 '비-방법의 방법'으로 세계 모든 대상의 세밀한 부분까지 그 굴곡과 감촉을 느끼게 하는 것이었다. 이를 규슈대학교 아사이 켄지로(浅井建二郎) 교수는 이러한 시도를 다음과 같이 설명한다.

> 학문과 관련된 보편적 체계 지향의 경직, 그 유혹을 비웃으며 끊임없이 자신을 지켜가야 하는 것이다. 그리고 대상의 본질을 발견하는데 필요한 세부 사항, 또 그곳에서 잉태되는 보다 깊은 문제의 관계를 발견하는 데 필요한 세부 사항에 반응해서 사고의 대상 세계에 관한 모습을 하나하나 언어로 새겨둔다.
>
> 아사이 켄지로, 《벤야민컬렉션2: 에세이 사상》

수필과 시론에서부터 비평적 단편까지를 포함한 에세이

야말로 지금 철학이 되돌아가지 않으면 안 되는 시각이자, 호흡이다. 이것은 아도르노의 철학적 에세이 《형식으로서의 에세이》에서 다시 살펴보도록 하겠다.

비-방법의 방법

아도르노의 에세이론의 핵심은 방법주의에 대한 비판이다.

> 학문을 닦는 방법과 철학적으로 학문의 기초를 다지는 데 있어서, 에세이는 철저하게 체계에 대한 비판 속에서 결론을 끌어내왔다. 개념에 의한 강고한 질서보다 매듭짓거나 선취할 수 없는 경험을 중시하는 경험주의의 이론조차도 일정하다고 여겨지는 인식의 조건을 검토하고, 할 수 있는 한 끊어짐 없이 계속 관련된 인식을 발전시켰지만 '체계적'이란 면은 변하지 않았다.
>
> 에세이스트였던 프랜시스 베이컨 이후, 경험론 역시 합리주의에 못지않게 '방법'을 중요하게 생각했다. 방법이 '무조건 옳다'는 것에 대해 회의(懷疑)하면서 사고의 흐름이 일어났다. 에세이는 암묵적으로 비-동일성의 의식을 담고 있다. 이것은 급진주의(radicalism)를 표방하지 않는 것에 대한 급진주의다. 또

원리로 되돌아 가는 것을 최대한 신중히 하는 것이다. 그리고 전체에서 부분을 강조하는 것, 단편적인 것 역시 급진주의를 표방하는 것이다.

테오도르 아도르노, 《문학노트》

여기서 말하는 아도르노의 '반–방법주의'야말로 그를 에세이의 울타리 안으로 밀어 넣은 동기였음을 짐작할 수 있다. 단일, '보편적 원리로의 회귀'라는 학문 이념에 의구심을 품고, 방법적인 정합성과 체계 구축에 대해 단편적인 사고의 힘을 대치하는 것이다.

아도르노의 반–방법주의적 사고는 '영원한 가치를 전문으로 하는 철학, 베거나 찔러도 꿈쩍도 하지 않고 빈틈없이 조직화된 학문, 몰락한 개념으로서의 직관적인 예술' 등에 공통적으로 보이는 '배타적이고 순수한 혈통을 추구하는 경향' 안에서 '압도적 질서의 흔적'을 눈치 챈 것이다.

거듭 말하지만, 에세이의 사고는 결국 단편적이며 맹목적인 사고에 지나지 않는다는 '천대'가 깔려 있었다. 이 비난은 결국 '전체의 성격을 나타내야 함이 목적인 행동, 나아가서 주관과 객관의 일치를 명백한 이(理)로서 판정하면서 전체가 스스로 치료 중인 것처럼 행동하는 것'이다. 그러나 에세이는 자기 자신 안에 모든 의미와 가치를 법정에

세워 인간의 자만함을 부숴 버린다.

'에세이의 방식은 방법적으로 비—방법적이다.' 이것은 자만을 부수는 선언이다. 어떤 화제 속에서 자연스럽게 이야기를 끌어내는 것이 에세이지만, '한 구절을 다 말하고 나서가 아니라 여기가 쉬는 부분이라고 느꼈더니 끝났다.'는 냉정함과 유연함이 담겨져 있다.

또 시초부터 에세이 자체를 구성하거나 종극으로 치닫는 연결고리를 끊어버리려고 하지도 않는다. 에세이는 하나의 이념으로 전부를 아우르려는 생각, 혹은 전부를 설명하려는 자만심에 민감하게 반응한다. 그래서 스스로가 사용한 개념의 정의에 구애받는 논증주의적인 사고나 '모든 것을 망라함에 악착같이 매달리는 쩨쩨한 방법'과는 거리가 멀다. 긴장감 속에서 전진하는 것이 아니라 부드러운 걸음걸이로 빙글빙글 도는 것에 가깝다. '에세이는 정의(定義)에 구애받는 방식 이상의 정신적 경험을 통해 개념의 상호 교환을 촉진한다. …… 하나의 의미를 부여하고 사색을 진행하지 않고, 모든 요소들은 양탄자를 만들듯이 교직(交織)한다. 교직의 밀도에 따라 그 사고의 풍부함이 결정된다.'고 할 수 있다.

아도르노는 에세이가 다양한 개념을 구사하는 방식이 다른 나라에 살면서 싫어도 그 나라의 언어로 이야기해야만 하는 처지와 가장 비슷할 지도 모르겠다고 덧붙였다. '그는 사전을 인용하지 않고 온갖 고생을 다하면서, 아등바등 외국서적을 읽어갔다. 그렇게 해서 모르는 단어가 나올 때마다 연관 단어를 30개 이상 찾아서, 사전에 나열된 의미를 찾아내는 방법보다 확실하게 그 말의 의미를 알아낼 수 있게 되었다.'고 했다. 또 에세이는 '발판을 만들고 건축해 가는 방식이 아니다.'라고도 말했다. 아도르노는 다음과 같이 우스꽝스러운 이야기를 예로 들어 설명한다.

난해하고 감당할 수 없는 것은 비난을 받는다고 생각하는 학생의 순수함만이 사상을 뒤흔들 수 있다. 복잡한 것에 손을 뻗기 전에 단순한 것을 먼저 분별할 수 있어야 한다. 그런 면에서 협소한 의견으로 사상에 대해 훈계하는 이 세상의 모든 어른들보다 천진무구한 학생이 더 현명하다. 그러므로 인식을 훗날로 미루는 사고방식은 인식을 방해할 뿐이다.

에세이는 첫 걸음부터 사물을 그대로 바라보는 다층성을 기반에 두고 있다. 그렇게 함으로써 통상적으로 이성에 따르기 마련인, 설득하기 어려운 유추를 교정한다.

테오도르 아도르노, 《문학노트》

이런 주장을 시작으로 계속 반격해 오는 것들은 모두 방법주의와 체계를 지향하는 정신을 거스르는 것들뿐이다. 여기에서 강조하는 것은 대상과 사건이 조화롭지 않은 상태로 맞이하는 균열투성이의 접촉이다. 아도르노는 '파편에 대해 생각하는 것은 현실적으로 그것이 파괴되어 있기 때문이며, 균열을 손질하는 것이 아니라 그것을 돌파함으로써 자기 통일을 찾아내는 것'부터라고 말한다. 그렇다면 '말투' 즉, 문체와 스타일 역시 이차적인 문제가 아니다. 에세이는 '대상화된 내용을 서술하는 것에 대해 무관심하여, 방법과 내용보다 서술을 중시'한다.

서술과 그 내용이 반드시 일치하지 않는다는 의식이 서술을 극도로 긴장시킨 것이다. 유머러스하지만 얌전함이 에세이스트 글의 특징이라고 이야기했던 루카치(Guörgy Lukács, 1885~1971)도 '에세이의 본질과 형식에 대해'라는 글에서, 뒤죽박죽으로 엉킨 접촉 상태에 대해 다음과 같은 서술했다. '모든 에세이는 가능한 한 생에서 떨어져 나가는 듯 보인다. 그래서 양자의 본질과 사실적인 모습에는 따끔한 아픔만 느껴진다고 생각할 정도로 점점 멀어지게 되었다.' 고 말이다.

영원한 장소에서가 아니라 실제로 존재하는 '시각의 핵(Zeitkern)'에 사고의 촉수를 뻗어가는 에세이는 사고 대상 안에 있는 '사건'의 모든 요소를 빨아들인다. 그리고 그 사건을 생각할 때 떠오르는 분위기와 대상의 표정 등을 간과하지 않는다. 그러나 이런 양상론적(physiognomic)인 사고는 반복해서 강조하는 것처럼 매우 협소한 장소에만 어울린다.

에세이의 현대적 의의는 시대에 뒤쳐진 것들로 구성되었다는 데 있다. 한때 사라진 적도 있을 정도로 현대철학에서 에세이가 차지한 부분은 매우 작다. 조직화된 학문은 일반적인 합의의 틀에서 벗어난 것들을 '자극적'이라든지 '직감적'이라는 낙인을 찍어 내쫓아버리기 때문이다. 삼라만상의 뜻에 따른다고 어중이떠중이 모두 거들먹거리는 영역과 아직 학문이란 이름에 점령되지 않았으나 제2의 영업 종목이 되어버려 공허함으로 추상적인 잔여물에만 만족하고 있는 철학에 협공을 당해서 설 자리를 잃어버린 것이 에세이다.

그런데 서술한 바와 같이 학문과 철학에 차이가 나타나자 에세이는 다시 대상의 맹점과 깊이 관련을 맺는다. 에세이는 개념을 이용하지만 일반적인 개념에서 잡히지 않는 사고 분야를 새로 개척한다. 또 객관성을 가진 것처럼 보이는 학문이 실제로는 개념이라는 모순적인 그물망에 걸려 전혀 객관적이지 못하다는 사실을 폭로하거나 할 뿐이다.

테오도르 아도르노, 《문학노트》

에세이는 이처럼 빈약한 위치에 있기 때문에 오히려 독자적인 판단력을 가질 수 있었다. 여기서 문득 '철학을 바보로 만드는 것이야말로 진짜 철학하는 것'이란 파스칼(Blaise Pascal, 1623~1662)의 말이 머릿속을 스친다. 지금 우리가 악역으로 만들고 있는 '철학'에게 요구하는 것도 이렇게 유연한 비판력, 풍부한 비판력을 가진 사고방식이다. 바꿔 말하면 절대적인 지식과 보편적인 타당성이, 체계적인 기초 쌓기와 관련된 통일성이 가능한지 아닌지 택일하자는게 아니다. 다만 그 중간 영역에서 세상을 구성하는 현상의 다양한 짜임들에 대해 크게 반응하면서 현상의 굴곡 속으로 파고들어 사고하는 철학 방식을 요구할 뿐이다.

철학의 스타일이 곧 철학의 사상이다. 어떤 사상을 배운다는 것은 우선 그 사상의 세계와 접해 보고, 세상과 만나는 그 스타일에 반응하는 것이다. 그리고 그 사고방식은 하나밖에 가질 수 없는 것이다. 이런 의미에서 철학은 철학의 어조나 문체를 절대 소홀히 다루면 안 된다. 그리고 또 다른 한 가지, 철학적 대화를 할 때는 '말하는' 행위 이상으로 듣기에 신경을 집중해야 한다. 나는 철학을 '임상'이라고 하는 사회의 어두운 측면에서 접근, 이 시대와 사회에 대한 '시도'로써 철학의 가능성을 찾고 싶다.

지금까지 철학이 필사적으로 시도해 온 '말하기(세상의

연관성을 찾고, 언어를 나누고 분석하는)'를 중심으로 한 사고는 '듣기'에 무게중심을 둔 철학의 본모습이 다르게 비춰진 것이 아닐까 생각한다. 이런 새로운 생각에 도달해야만 세계와 몇몇 단어를 저울질해서 흔들려도 함께 가져갈 가능성이 비로소 보이지 않을까.

질문,
'누구 앞에서'

2

듣기의 철학은 인간이 다른 사람과 같은 시간을 공유하면서
생기는 공시적인 관계 속에서 철학적 사고가
'괴로움을 함께 나누는 일(sym-pathy)'로써 활동을 개시하면서부터 시작된다.

철학의 장소

임상철학(臨床哲學)이란 무엇인가. 임상이란 개념은 철학에서 어떤 의미를 갖는가. 이런 의문에서부터 이야기를 시작하고 싶지만, '임상철학'에 대한 정의를 내림으로써 '정의'와 관련된 논의를 시작하고 싶지는 않다. 정의 내리는 것은 시작보다 오히려 마지막이 철학과 더 잘 어울리기 때문이다.

정의는 단순하고 간결한 덕목이라 인간이 마지막에야 간신히 도달할 수 있는 단계다. 참고로, 알랭으로 더 많이 알려진 에밀 샤르티에(Emile-Auguste Chartier, 1863~1951)는 학교 선생님으로 재직할 당시 264개의 언어로 이뤄진《정의집(Définitions)》을 펴냈다. 그리고 니시다 기타로(西田幾多郎,

1870~1945)는 〈정년퇴임한 어느 교수의 변(辯)〉에서 '뒤돌아 보니 나의 생은 극히 단순한 인생이었다.'고 자신의 생을 이야기한다. 시야는 넓히지 않으면 안 되지만 처음부터 열려 있는 것도 아니다. 그렇다고 적극적으로 시야를 제한하지도 않는다. 또 다른 철학자가 '경험이 나를 정의한다.'고 한 말은 경험과 함께 정의가 생겨나며, 더욱 깊어진다는 뜻을 내포하고 있다. 임상철학은 철학과 임상이 함께 그 형태를 만들어 가면서 정의를 내리기로 한다.

나는 철학을 펼칠 '장소'에 대해 생각한다. 그것은 철학이 생성되는 장소, 철학이 활동하는 장소다. 철학이 자주 '예지(叡智)'라 불려온 이유는 그것이 누군가에 의해 그가 태어난 때와 장소의 한복판에서 만들어지기 때문이다. 역사적으로 제한된 장소에서 시대가 제시한 문제를 생각해서 채워 넣으면, 결과적으로는 오히려 시대와 장소를 넘어선 보편적인 시야를 펼칠 수 있었다. 그런 점에서 철학적 사고의 역설적인 면이 잘 나타난다.

철학은 누군가가 어떤 장소에서 그 시대를 마주보고 행한 강인한 사고의 준거이며, 흔적이다. 그래서 철학에는 대개 고유한 이름이 붙는다. 아우구스티누스의 사상이나 칸트 철학 등이 그 예다. 철학은 지식이 아니라 지식의 근거와 의미를 묻는 작업이며, 과학이 아니라 과학의 가능성과 한계를 묻는 작업이다. 지식과 관련된 사람이 사고하지 않고서는 원하는 바를 얻을 수 없다. 대학교는 철학이라는 과목을 축소해서는 안 된다. 오히려 철학자가 밭에 차이도록 만들어야 한다. 철학을 '철학 연구자'가 독점하고 있는 상황은 매우 안타까운 일이라는 뜻이다.

그러나 이런 틀도 벗어야 한다. 철학을 하는 장소는 대학의 안이나 밖이나 상관이 없다. 철학이란 고대 그리스 철학자의 말을 빌리면, '잘 사는 지혜'이고 과학과는 다른 차원의 문제다. 그렇기 때문에 '저 사람에게는 철학이 있다.'는 말도 할 수 있고, '이 나라의 정책에는 철학이 있다.'고 말하는 경우도 생기는 것이다. 물론 기업에도, 도시에도 이 말이 꼭 들어맞는다. 이 '적용'은 더 잘 살아가기 위한 사고방식으로도, 그게 아니라면 지침 정도의 의미로도 사용될 수 있어야 한다.

그러면 철학에서 말하는 '장소'란 무엇일까. 내가 임상철학의 '시도' 중에 가장 먼저 '장소'를 다루는 이유는 '임상'이란 사람들의 흔히 '고역의 장소'라고도 말할 수 있는 장소에서 내가 이름을 가진 특정한 누군가로서 다른 특정한 인물과 연관될 때, 철학적 사고가 각별한 의미를 제시하기 때문이다. 그렇지 않으면, 임상철학은 필요성을 상실하며, 의료 행위로도 충분하기 때문이다. 공교롭게도 철학자로서, 타자에게 '누군가'로 특정한 얼굴을 가진 개인으로서, 임상의 장소는 어떤 의미에서 모순적인 일을 함께 요구받는 장소다.

정신과 의사와 임상 심리학자에게 '임상'이란 말은 결정적인 의미를 갖는다. 저명한 정신과 전문의 기무라는 정신의학을 '마음에 고통을 가진 환자를 치료하는 학문'이라 정의했다. 임상철학 역시 '괴로워하는 장소'에 있는 사람들과 함께하는 학문이지만, 치료의 학문이라고 정의할 수는 없다. 임상철학은 '괴로움' 안에 갇힌 사람이 치료가 필요한 환자인지 아닌지조차 명백하지 않는 상태에서 그의 생각에 대해 대화를 나누기 때문이다.

그렇다면 임상철학은 치료가 아닌 다른 무엇과 연관되어 있는가. 기무라는 정신병리학이야말로 임상철학이라는 계기가 아니고서는 성립할 수 없다고 주장한다. 또 그의 저서 《우연성의 정신병리》에서 정신과 의사가 임상철학적 사고가 필요한 이유로 '사색의 주제는 환자의 마음인데, 이것은 치료를 통해서도 밖으로 드러나지 않는 것'이 있기 때문이라고 서술했다. 또한 환자의 마음속 움직임을 보기 위해서는 환자와 개인적인 관계를 구축하지 않으면 안 되며 '환자의 가슴속에 내포된 병리는 치료에 관여해야만 보인다.'고 주장한다.

기무라는 환자의 모든 표현들을 다양하게 관찰하고 어떤 대답이 필요한가를 고민할 때, 환자의 모든 말과 사고를 종합적으로 파악하는 것이 아주 중요한 포인트라고 지적한다. 그것은 '말과 행동을 단순하게 문제 삼는 방식이 아니라 환자의 전반적인 생활과 행동 양식 안에 들어가 모든 것이 집약적으로 표현되고 있는 환자의 언어로써 이해하는 일'이다. 계속해서 '이렇게 이해하는 것은 장기적인 치료 관계를 갖고 개인적인 대화를 나누는 것 외에는 달성될 수 없음은 말할 필요도 없다. …… 환자의 모든 병리는 각각의 행위와 언동 등 모든 표현에 축소되어 있다. …… 전체를 파악하기 위해서는 각각의 행위와 이야기를 지켜보고 경험을 쌓아가는 작업이 필요하다.'고 말했다.

현재는 그와 비슷한 견해를 가진 정신과 의사들이 점점 늘어가고 있다. 일단 여기에서는 임상철학이 치료를 위한 학문은 아니라는 점을 미뤄놓고, 우선 임상철학이 필요한 순간을 떠올려 보자. 이때 문제가 되는 환자의 '괴로움'을 해체하는 것이 아니라 ―정신과 치료에서도 문제는 '괴로움'을 완화, 해소하는 것만이 아니지만― 문제를 포함하고 분절하며, 이해하고 사고하는 행위를 통해 그것을 환자의 내면부터 이겨내는 것, 혹은 뛰어넘을 힘을 가르치는 것이라고도 말할 수 있지 않을까.

앞서 나온 "나는 이미 틀린 것인가요?"라고 묻는 환자에게 "그런 걱정은 하지 마세요."나 "왜 그렇게 생각하는 거예요?" 대신 "이미 글렀다. 그렇게 생각하시는군요."라고 대답하는 것이 가장 좋다는 주장을 떠올려 보자. 대답을 통해 자신의 말을 상대방이 듣고 있으며 정확히 전달되었다고 느끼는 경험은 환자에게 아주 큰 힘이 된다. 나는 이런 사례를 통해 '듣기의 힘'을 믿고, 임상철학의 가능성을 모색하는 것이 가능하지 않을까 생각한다.

이렇게 생각해 보면 '장소'는 이를테면 철학사에서 종종 '주관성' 등으로 불려 온 내면적인 반성의 장은 아닐 것이다. 자기 자신 내부의 의식과 사고를 반영하는 일(반성이란 의미의 reflection) 역시 아니다. 오히려 자신의 내부 장소로 퇴보함을 용서치 않고, 주체가 현재 타자와 같이 구성된 그 관계에서 일시적으로도 이탈하지 않으며, 계속해서 사고하기를 요구받는 장소이지 않을까.

반복해서 언급하는데, 중요한 것은 '현장'이라는 말을 통해 자주 언급되는 '장소'란 복수의 주체가 공시적인 상호 접촉을 하는 장소를 가리킨다는 사실이다. 공시적이란 말은 싱크로닉(synchronic), 즉 같은 시간 속에서 서로 뒤얽혀서 활동하는 상태를 의미한다. 일찍이 E. 민코프스키는 주체 간에 상호작용을 '살아있는 공시성(synchronisme vécu)'이라 했다. 그렇다면 왜 같은 장소라고 말하지 않고 '공시적인 장소'라 칭하는 것일까. 가끔씩 같은 장소에 함께 있어도 어떤 관계나 일도 발생하지 않는 상태가 있다. 만원 지하철에서처럼 모두가 다른 생각을 하는 경우가 대표적인 예다. 거기에서는 각자 다른 시간의 호흡과 타이밍, 리듬을 갖고 살아가기 때문에 각각의 시간을 하나로 합치는 일은 일어나지 않는다.

임상철학의 도전은 인간이 다른 사람과 같은 시간을 공유하면서 생기는 공시적인 관계 속에서 철학적 사고가 '괴로움을 함께 나누는 일(sym-pathy)'로써 활동을 개시하면서부터 시작된다. 그리고 이때 말하기 방식에는 반드시 매우 중요한 의미를 지닌 두 가지 발전요소가 포함되어 있다. 하나는 철학과 관련된 사람이 '누구'라는 특정 인물로써 다른 사람 앞에 서 있다는 점이며, 다른 하나는 철학적 사고가 '다이얼로그', 즉 로고스를 서로 나누면서 이뤄지는 의견의 교환 안에서 깊어질 수 있다는 점이다.

눈을 마주치는 것

철학에서의 '현장'이란 앞에서 언급한 바와 같이 같은 시대를 사는 다른 사람들과의 관계를 쌓아가는 장면이며, 공시성을 공유하는 것이다. 두 개의 현재가 함께 있는 형식으로 합쳐지는 것, 그리고 각각의 내부적인 시간 안에서 퇴거 불가능한 형태로 같은 '현재의 장'으로 끌려 나온 그대로라는 점, 이것들이 긴장이 극에 달한다고 말할 정도로 강렬하게 의식되는 장면은 '타자와의 대면'이라는 상황에서다.

나는 예전에 '얼굴'의 경험에 대해 글을 쓴 적이 있다. 애초에 얼굴이란 볼 수 있는 것인가에 대해 먼저 물었던 적이 있다. 그 내용 중 타자와 눈길이 마주치는 장면에서 발생하는 공시성 현상에 대해 먼저 살펴보기로 한다.

다른 사람이 무언가를 보는 모습을 옆에서 지켜본 경우가 있었을 것이다. 이때 그 사람이 나의 시선을 느끼고 내쪽을 본다면, 나는 당황해서 눈을 내리깔거나 허둥지둥 시선을 돌리게 된다. 그러는 동안 다시 신경이 쓰여서 그 다른 사람에게 시선을 돌리면 재차 눈이 마주치고, 눈빛이 흔들려서 상대방의 눈빛과 얼굴을 대상으로써 보고 관찰하는 여유는 사라지고 만다. 다른 사람을 '보는' 일을 만약 어떤 대상을 관찰하듯 살펴보는 행위라 말할 수 있을 때는 열쇠 구멍으로 엿본다거나 의사가 환자를 진찰하는 것, 화가가 모델을 관찰하는 경우와 같이 극히 예외적인 케이스라고 말할 수 있다. 이 가치 있는 '호흡'을 잘 나타낸 글이 있다.

내가 어떤 사람의 눈을 아름답다고 생각하거나 눈빛을 주의해서 보거나 할 수 있을 때는 그 사람이 나에게 눈길을 돌리고 있지 않을 때다. 내가 그를 쳐다보고 그가 나를 쳐다보지 않을 때는 거리를 두고 그의 눈을 지각할 수 있다. 그런데 그가 나를 쳐다보는 순간 그의 눈빛은 그의 눈을 가려버린다. 그의 눈과 나의 눈 사이의 거리가 없어지고 문자 그대로 2개의 눈이 마주치는 것이다. 그리고 나는 그의 눈을 지각할 수 없다. 다만 생생하게 상대의 눈빛을 의식할 뿐이다.

타다 치마코, 《거울의 테오리아(鏡のテオ−リア)》

가끔 다른 사람과 눈을 마주칠 때 뜨끔하는 느낌이 머릿속에 스치는 경우가 있다. 다른 사람과 눈이 마주치는 순간, 우리의 눈은 꼼짝없이 그것을 흡수하는 구심적 운동과 튕겨내는 원심적 운동이 만들어 낸 강한 자기장 안으로 끌려들어 간다. 마침내는 대상을 관찰하듯 바라보다가 진정한 상대방을 볼 수 없게 된다. 이때 두 명의 이질적인 시간은 피할 방법이 없는 하나의 시간 안에서 마치 하나의 묶음으로 합쳐지듯 동시에 흘러간다.

이 싱크로나이즈(synchronize) 현상은 우리들이 처음 '보는' 것을 배우는 장면, 즉 세상이 처음으로 대상들의 집합이다. 또 앞뒤와 전후, 높고 낮음과 같은 구체적인 겉모습을 가진 대상으로 나뉘면서부터 작용한다. 발달심리학자 시모조 신스케는 유아의 자기 해석과 세계 이해의 성립은 유아의 잠재적인 지향성이 다른 사람(이 경우에는 어른)에 의해 증폭되어 돌아오는 경험에 어느 정도 영향을 받는가를 중심으로 분석한 실험이 있다.

시모조에 따르면, 아이를 앞에 두고 이야기하는 어머니는 '입을 크게 움직이고 머리를 세차게 흔들거나, 눈을 크게 뜨고 커다란 몸짓으로 아이에게 이야기한다(공간적 과장).' 혹은 '언어와 몸짓이 슬로우 모션을 적용한 것처럼 느릿느릿 행동한다(시간적 과장).', '웃고, 놀라고, 어깨를 움츠린다(정신적 과장).'라고 하는 명확한 특징을 확인할 수 있다. 이런 어머니의 과장된 태도는 아이의 내면에서 이른바 암중모색의 형태로 발생하는 '세계'와 관련되어 공시성을 갖게 되고, 증폭해 가는 방식으로 아이의 경험과 행동의 분절화를 돕는다.

이와 같이 아이의 '세계', 또는 '자기 자신'과 맺는 관계는 다른 사람(특히 어머니)과 공진적인 관계 속에서 자라나기 때문에 유아에게 다른 사람의 존재야말로 일차적인 거울의 역할을 한다고 말할 수 있다.

상대를 자기 자신과 같이 '반응하는 사람'으로 보는 것, 또 그것이 서로가 반응(response)하는 계기가 된다는 것, 이와 같은 대인관계의 경상성(鏡像性)을 느낀 유아는 마음속에 '발생의 열쇠'를 갖게 된다. 물론 그 열쇠를 쥐고 있는 부모가 '응답하는 기계'가 아니라 '머리가 좋은 기계' 같다고 치면, 아기가 '응답'하고 그 열쇠를 망가뜨려 버리는 것도 당연한 일이다. …… 유아는 거울 안에 '다른 사람과 닮은 무언가'가 앞서 서술한 바와 같이 경상적 반응성이 결여되어 있다는 사실을 발견함으로써 '자기 자신을 본뜬 자신'이란 경상의 본질적 의미를 깨달아 간다. …… '마음을 지닌 사람'으로써 대우받는 사실, 그 한 가지만으로 유아의 '마음'이 발생하고 성장하는 것이다.

시모조 신스케, 《눈빛의 탄생(まなざしの 誕生)》

시모조는 이 책에서 흥미로운 논점을 제시하고 있다. 자신과 타자가 서로 눈을 맞추고, 만나서 대화하는 일 등 상호성을 경험하는 것은 대상이 된 사물을 경험하는 것, 혹은 자아의식 발생을 위한 필수조건이라는 것이다. 우리는 감각적인 통로를 통해 이 세계라는 중압감과 기초적인 경험을 한다.

그리고 그 경험과 다른 사람과의 깊은 교우와 교합을 최대한으로 성립시켜 간다 이 부분에 대해서는 후에 다시 상세하게 다루기로 한다. 지금 이 단계에서는 그 경험의 공시성이란 시간적 성격에만 집중하고자 한다.

서로를 쳐다본다고 하는 하나의 사건 안에서는 자신과 타인의 시선이 하나의 자기장 안으로 끌려들어가 공시성을 가진다는 의미가 포함되어 있다. 또한 자타가 하나의 공통된 '현재'에서 함께 존재하고, 그곳에서부터 임의적으로 퇴거하는 것은 불가능하게 된다. 타자와 눈이 마주치는 순간, 자신의 시선이 떨리거나 얼어붙는 듯한 느낌이 동반되는 이유는 타자의 시선이 나의 의식 내부를 폐쇄 불가능한 상태로 만들기 때문이다. 타자와 눈이 마주칠 때, 현재에서 과거로 흐르는 나만의 내재적 체험의 지속성 안에 머물지 못하고 '공동의 현재'로 끌려간다. 그리고 그 현재라는 장소에 자신을 묶어 두도록 강요당한다.

나의 말은 분명 내 것이지만 스스로 제어할 수 없는 나의 표정이 타자에게서 뜻밖의 말을 이끌어내고, 마침내는 상대방도 스스로 인식하지 못한 표정을 짓게 만든다. 그리고 수용하거나 반발하는 반응을 내 쪽에서 다시 하나하나 보이게 된다. 이와 같이 나와 다른 사람은 함께 하나의 현재에 매어 있으며, 그 '공동의 현재' 안에서 서로의 존재를 교차시켜서 같은 시간에서 같은 일을 함께하는 것이다. '공동의 현재'라는 시간 성격을 가진 관계야말로 철학이 만나는 장이다.

목소리가 전달된다는 것

여기까지만 해도 아직 확인해야 할 이상한 점들이 많다. 예를 들어, 눈이 마주쳤다는 사실은 어떻게 감지할 수 있는가 따위다. 우리는 흔히 "눈이 마주쳤다."고 말하지만 그 눈, 즉 안구에는 두 개의 검은자가 움직이고 있을 뿐이다. 그것이 나를 쳐다보고 있다고 느끼는 감각은 도대체 어디에서 오는 것일까.

이것을 시각적으로만 설명하기에는 무언가 부족하다. 눈이 마주쳤다는 느낌은 내 피부에 뭔가 찌릿찌릿하면서 신경이 빠르게 움직이는 느낌이나 기색, 그리고 그런 움직임을 포함한 반응과 비슷하다. 바꿔 말하면 민코프스키가 '현실과 생생한 접촉'이라 칭한 것과 비슷한 상태로 나를 쳐다보는 시선이 실재하는 것처럼 확실하게 느껴진다.

시선과 광선에서 말하는 '선'의 은유, 또는 망막이나 암막 등에서 볼 수 있는 '막'의 은유, 그리고 심상(image)와 실상, 허상 등의 개념에서 지칭하는 '상'의 은유(이것들이 우리가 시각에 대해 사고할 때, 편견을 만들었을 가능성이 높다. 두 가지의 상이한 것들 사이를 달리는 '선'으로 분석되는 시각과 어딘가 설치된 막에 비치는 '상'으로 이해되는 시각)는 시각이 마치 지각하는 주체와 지각된 객체 사이에 안구와 망막이란 매체를 중간에 세우고 시작하는 '사건'처럼 이야기한다. 그러나 이렇게 재구성된 시각은 우리가 실제로 무언가를 보는 체험, 그 자체는 아니다.

'본다'는 경험은 내가 여기서, 혹은 여기서부터 행하는 분석이란 이름으로 재구성하는 것이다. 그런데 이 재구성의 과정이 보는 것도, 안 보이는 것도 아닌 제3의 위치에서, 즉 제3의 장소에서 이뤄지기 때문에 재구성된 시각이 우리가 실제로 보는 대상과 같을 수 없다. 또 본다는 것이 내가 이 세상 속 '여기'라는 장소 안에 머물러 있다는 사실과는 별개의 차원, 즉 기하학적이고 추상적 공간 안으로 옮겨져 분석되기 때문이기도 하다. 이 추상적인 공간 안에서 어떤 시선이 나를 향하고 있다고 느끼는 감각은 말로 설명할 수도 없을 것이다.

'듣기'도 이와 같은 모양새를 띄고 있다. 누구나 길거리에서 갑자기 누군가가 자신의 이름을 불러서 깜짝 놀랐던 경험, 혹은 내 이름을 부르지는 않았지만 누군가가 내게 말을 걸려고 하는 낌새를 알아채는 경우가 있었을 것이다. 반대로 몇 번이고 불렀지만, 그 소리를 듣지 못하는 경우도 있다. 말이 마치 그 사람에게 붙잡히는 것처럼 느껴진다. 말이 상대에게 전달된다는 것은 도대체 어떤 상태를 말하는 것일까.

이 물음과 관련해 음을 내는 진동 기관, 귀나 고막과의 관계 등에 대해서 상세하게 서술할 생각은 없다. 더욱이 목소리가 확 꽂힌다거나 목소리가 부드러워 기분이 좋다, 목소리가 귀에 착 감긴다, 목소리가 쥐어뜯는 것 같다 등의 체험 역시 비유적으로 서술할 수밖에 없다. 대화는 누군가가 다른 누군가에게 무언가를 말로 전달함을 가리킨다. 그리고 이때 등장하는 '어떤 것'과 '무언가'의 차이 자체도 여러 가지 문제를 포함하고 있다.

이와는 또 다른 문제, 즉 화법과 그 이야기를 듣는 방법의 관계는 이야기하는 '누군가'와 연관된 다른 '누군가'의 관계를 일반적으로 커뮤니케이션 구조로써 분석할 수 있다. 현실 속 대화에서 그 '누군가'가 누구인가는 각각의 '누군가'에게 결정적인 의미를 갖고 있다고 할 수 있다. 누구에게 말을 걸 것인가, 저 사람은 나에게 말 걸어 줄 것인가, 내가 한 이 말이 그에게 제대로 전달될 것인가, 그가 내 말을 받아줄 것인가 등 사람들 대부분은 살아가면서 하루도 빠짐없이 이와 같은 고민을 한다. 그렇다면 이렇게 대화를 나눌 때, 누군가의 목소리가 나를 향한 것이라는 느낌은 도대체 어디서 오는 것일까.

목소리가 내게 다가온다는 느낌, 다른 사람의 목소리가

나의 귀에 착 감기는 느낌은 도대체 무엇으로 설명할 수 있을까. 이를 마치 실험이나 게임처럼 가르치는 교습법이 있다. 다케우치 토시하루(竹内敏晴, 1925~2009)는 자신의 책 《말문이 트일 때(ことばが劈かれるとき)》에서 목소리에 의한 상호작용으로 '말 건네기 교습'이라고 설명한다.

두 사람이 작은 목소리로 이야기를 나눈다. 한 사람이 말을 걸고 나서 다른 한 사람이 답한다. 그 목소리를 듣고 본인한테 이야기하는 것이라고 확신하면, 그 사람은 뒤를 돌아봐도 좋다. 그것이 잘 되면 둘 사이의 간격을 조금씩 넓혀간다. 그렇게 두 사람을 10미터 이상 떨어뜨린다. 이 과정에서 정말로 본인에게 상대가 말을 걸고 있는지를 제대로 파악하고 있는지를 점검한다. 그러면 피실험자들은 '몇 걸음 뒤에 있는 누군가가 자신에게 말을 걸고 있다.' 혹은 '머리 너머로 멀리서 사람의 목소리가 들리는 것 같다.', '나에게 말을 걸고 있는 것 같지만 소리가 들리지 않는다.' 등의 반응이 나오곤 했다. 좀 더 확실하게 '목소리가 등에 닿았다.', '귀로 듣기 전에 사라졌다.', '어깨를 스치고 지나 갔다.', '살짝 닿았다.'라고 말한 예도 있었다. 여기서 흥미로운 점은 '실험을 할 때, 다케우치의 강의를 들은 사람들은 다른 사람의 목소리를 움직이는 궤도까지 보이는 것처럼 묘사했다는 점이다. 그 궤도는 '커브를 그리면서 추락하는 것, 분산되었다는 것, 장외홈런처럼 날아가는 것' 같았다고 표현했다.

그건 그렇고, 우리는 타인에게 말을 걸 때는 상대방의 반응을 보면서 미묘하게 화법의 변화를 준다거나 성량을 바꿔보고, 몸짓을 늘리면서 어떻게든 목소리가 전달되도록 하는 방법을 쓴다. 이때 보통 화자가 이야기를 전달하려고 노력하면 할수록 청취자에게 더 잘 전달되기 마련이다. 그런데 이 노력 중에 '말의 기본적인 문제점'들이 대부분 포함되어 있다. 다케우치는 그 문제점을 3개의 포인트로 나눠서 지적하고 있다. 다케우치에 의해 분석된 '목소리가 들렸다.'고 하는 체험은 말이 자신을 향해 오고 있다는 체험의 핵심이 되기 때문에 여기서 잠시 그의 분석을 살피기로 한다.

첫 번째 포인트는 말을 거는 것은 상대방에게 내 목소리를 보내서 그를 바꾸는 일이다. 타자에게 말을 전달하는 행위가 단지 나 자신의 기분을 전달하는 행위로 끝나서는 안된다. 일반적으로 사람들은 언어를 '감정의 출발점'이라고 생각하는 경향이 강하다. 물론 이 경우는 화자 자신의 몸과 마음이 굳게 닫혀 있는 경우다. 상대방이 어떻게 생각하든 내가 할 말만 하는 경우가 많은 이유는 듣는 사람의 몸이 말하는 사람을 향해 열려있지 않기 때문이다. 이것은 진짜 대화가 아니다. 대화는 다른 사람과의 연관 관계를 성립할 때, 먼저 움직임으로써의 기능을 하기 때문이다. 움직이는 일, 감정을 잇는 일 그리고 대상과 연결되는 일이 바로 그것이다.

두 번째 포인트는 '다른 사람을 어떻게 바꾸고 싶은가를 확실히 하지 않으면 상대는 변하지 않는'다. 한 청년이 있었다. 그는 대화의 상대자인 여자 아이와 커뮤니케이션이 완전 엉망진창이 되자, 그 아이가 자신의 이야기에 별로 관심을 가지지 않는다고 느끼고 건방지다고 생각했다. 그러자 즉각 상대방 여자 아이도 그 청년의 심중을 정확하게 파악해 버렸다. 그때 그의 목소리에 포함된 감정의 질량이 총알처럼 곧장 상대방에게 날라 가서 박혔다. 그리고 상대방은 한 대 얻어맞은 듯이 반응했다.

화자가 본인의 목소리가 잘 전달되지 않는다고 느낄 때, 대개는 목소리가 더 잘 들릴 수 있도록 상대방과의 간격을 다시 계산하고, 그 거리 차에 지지 않을 만큼의 커다란 성량으로 이야기한다. 그런데 목소리가 커지면 커질수록 청취자는 말하는 사람이 자신에게 이야기하고 있다는 느낌을 점점 잃어버린다는 데 세 번째 포인트가 있다. 거리가 멀어지면 그 거리를 뛰어넘기 위해 음량을 키우지 않으면 안 된다고 생각하기 마련이다. 그런데 그것은 객체적인 측정이 가능한 세계를 상정하고 있기 때문에 자신의 몸을 객체로써 조작하고 있는 것에 지나지 않는다.

결과가 어땠는지 살펴보면, 7미터 정도 떨어진 지점에서 화자가 말을 해도 그 거리 안에 있는 모든 사람들에게 목소리가 전달되기 때문에, 듣는 쪽에서는 내게도 이야기하고 있지만, 같은 선상에 있는 모두에게 이야기하고 있다고 느끼게 된다. 자신에게만 말을 거는 것은 아니라고 느낀다는 이야기다.

이야기를 전달하려고 목소리나 동작을 키우면 키울수록 다른 사람에게 나의 이야기는 전달되지 않는다. 오히려 말을 전달하지 않으려고 전전긍긍하면서 다양한 행동을 절제하는 쪽의 이야기가 제대로 전달되는 슬픈 아이러니가 존재한다. 그리고 이야기하고 싶은 상대와의 거리를 측정해서 성량을 조절하면 할수록 상대방은 본인에게 이야기하는 게 아니라고 느끼는 슬픈 이중적 아이러니다. 청취자와 화자 사이에 이 같은 아이러니는 도대체 왜 발생하는 것일까.

자신이 살고 있는 공간이 아니라 어떤 객관적인 공간, 기하학적인 공간 안에 자신이 있다고 상정하고 내가 말을 건네려는 타자의 위치를 확정하는 것처럼 의식이 활동할 때, 발생하는 압박을 견디면서 이동하는 것은 문제가 되지 않는가. 다케우치는 화자와 청취자가 '7미터의 거리'를 의식할 경우, 그들 사이의 대화는 이미 끝나버린 것이라고 생각했다. 그리고 그때 자신과 타자의 몸은 이미 살아 가고 있는, '살아 있는 공감'이 아니라 '자연과학적 공간' 속으로 옮겨져 그곳에서 분리된다고 주장했다.

미지의 세계에 존재하는 사람에게 '위험해!'라고 외치거나, '어젯밤에는 왜 안 왔어?'라고 친절하게 이야기를 걸 때는 나와 상대방과의 거리는 사라져버린다. 공간은 사라지고, 단지 나와 마주하고 있는 다른 사람이 있을 뿐이라는 이야기다.

임상 심리학자 카와이 하야오(河合隼雄, 1928~2007)는 그의 책, 《바꿔보는 남과 여(とりかえばや、男と女)》에서 무언가 전달하려고 하는 것이 아니라 '이쪽의 주관적인 움직임을 상대방의 마음속에 일깨우는 것'이 커뮤니케이션이라고 주장한다. 이때 나와 타자는 떨어져 있고 전달해야만 하는 사항을 꼭 전하려고 하는 나의 의지가 타자와 나 사이에 껴 있다. 또 '어느 정도 내용을 정확하게 전달했는가는 문제가 되지 않으며, 상대방이 느끼기에 어느 정도로 의미 있는 움직임을 만들어냈는가에 집중해야 한다.'고 했다. 우리들의 커뮤니케이션을 뒷받침해 주지만 그것 자체를 이해하려고 하면, 바로 사라져 버리는 이 접촉, 이 활동을 도대체 무엇으로 설명할 수 있을까.

무언가와 마주한다는 것

다케우치는 가족을 버리고 다른 가족 안에서 다시 태어났다는 글을 썼다. 그 글을 인용해서 상대방의 움직임을 이끌어내는 '동성(動性)'에 대해 논의하려 한다.

> 환갑을 지나 얻은 아기의 목소리가 '나의 모든 것이 갑자기 따뜻해졌고 가슴에 쿵하고 와 닿았다.'고 할 정도로 어처구니 없게도 그의 몸에 직접 전달되었다. '몸의 가운데가 이상하게 녹아드는 기분이 되어서 '흡' 하고 숨을 들이마시고 아이를 말끄러미 바라보는 것 외에는 아무것도 할 수 없었다.
>
> 다케우치 토시하루, 《노인의 입회식》

이때 그를 움직이고 있는 '동성'은 무엇이라 정의할 수 있는가. 무언가를 향하던 상대가 나 자신을 마주보고 있음을 느끼는 것과 같은, 거의 '목숨'이라고도 부를 수 있는 이 동성이란 무엇이란 말인가. 모기에 물린 사람은 물린 곳을 찾아서 보고 긁는 게 아니라 어딘지 어림잡아 그 주변을 긁는다. 마찬가지로 노련한 바느질공은 작업대와 가위, 바늘, 형겊을 보면, 자신과 그 사물들 사이의 거리를 측정하지 않고도 바로 손을 움직여 작업에 들어간다. 이것은 메를로퐁티(Maurice Merleau-Ponty, 1908~1961)가 든 예로, 마구 움직이는 손과 모기 물린 특정 부위와의 관계, 또는 작업하는 손과 주변의 도구와의 관계를 어떤 객관적인 공간 안에서 좌표축과 연관 지어 측정할 필요가 없음을 보여준다. 나와 사물은 메를로퐁티가 '지향의 실'이라 불렀던 살아 있는 관계에 연결되어 있고, 그런 몇 개의 실이 수렴하는 끄트머리에는 사고의 대상들이 존재한다. 메를로퐁티는 그것을 다음과 같이 묘사한다.

> 나에게 우리 집은 나와 긴밀하게 연결된 일련의 영상이 아니다. 내 주변, 어디까지나 친밀한 영역 안에 존재하는 것은 주거지가 가진 거리와 주거지로 향하는 주요 방향을 의연하게 손 안에, 혹은 다리 안에 익혀두고 있는 나의 감각에 지나지 않는다. 또 나의 신체에서 주거하는 방향으로 많은 실들이 연결되는 상태에 지나지 않는다.
>
> 메를로퐁티, 《지각의 현상학(Phénoménologie de la perception)》

우리의 몸은 다양하지만 국소적인 감각 인상을 일정 용량 가진 '운동지향성'으로써, 이것은 우리의 몸에 배치·통합되어 있다. 그리고 이 지향성이 수렴되는 대상이 있으며, 주거하기도 한다. 신체의 지향성은 '장소의 지각'이라고 불러도 좋은 어떤 것을 뼈대로 하고 있다. 그래서 앞서 가위를 보자마자 자연스럽게 손이 움직이는 예처럼, 정전되었을 때 암흑 속에서도 책상 주변의 물건들은 자유롭게 만질수 있는 상황도 같은 경우라고 할 수 있다. 이렇게 지각과 운동은, 결국 하나로 얽혀서 무언가를 향해 '방사(放射)'되는 것이다. 메를로퐁티는 이 운동지향성을 '지향궁(arc inten-tionnel)'이란 아리송한 단어로 불렀다.

다케우치가 어떤 객관적인 공간 안에 자신의 위치를 상정하고 본인이 말을 걸어야 하는 다른 사람의 위치를 확정할 때처럼, 의식이 활발히 활동하고 있을 때는 이미 다른 사람의 목소리가 귀에 들어오지 않는다고 말했던 대목을 떠올려 보자. 이것도 아마 '지향궁'이 이미 온몸에 퍼졌기 때문 아닐까.

그렇다고 하면, 목소리가 도달한다는 것은 실제로 내 몸의 운동지향성 전체가 상대방을 향하고 그 상대방과 나의 운동지향성이 연결됨을 의미한다. 그러니까 메를로퐁티는 '상대방이 좀처럼 나의 신호에 따르고 싶어 하지 않고 그것을 눈치 챈 후 나의 동작을 조금 더 강조한다면, 그 행동은 의식적인 행위일 리가 없다. 내가 상대방이 나를 기피하고 있음을 인식하고, 어떤 생각도 개재하지 않은 상태에서 바로 나의 속 타는 마음을 표현하는 동작을 취하고 있을 뿐이다.'라고도 말한다. 이 말은 결국 나와 다른 사람의 신체가 둘 다 그곳에 거주하는 것 같은 공간 안에서야말로 '지향궁'의 교환이 일어난다는 이야기이며, 상대방의 신체가 공간 안에 '있다'고 의식했을 때는 이미 나의 목소리가 그에게 전달될 수 없음을 의미한다.

그런데 실제로 다른 사람과의 관계에서 자신과 다른 사람의 신체가 지닌 지향성이 앞서 본 것처럼 상호적으로 엮이지 않았으며, 빈번히 공명하거나 공진하는 일도 일어나지 않는다. 오히려 일방적인 지향성이 상대에게 전달되기는커녕, 상대의 앞에서 고개를 떨구거나 기세가 지나쳐서 상대방을 뛰어넘어 버린다. 혹은 무언가를 전달하려고 상대방에게 접촉하는 시도도 나를 튕겨내려는 다른 사람에게 부딪히거나 그 사람을 끌어들이듯 강압적으로 접근한다. 아니면 그 사람의 표정을 살피듯이 몸을 움츠리고 시선만 보내는 등의 갖가지 시도만 할 뿐이다. 그리고 그것을 의식하면 할수록 목소리는 점점 멀어진다.

목소리가 도달하기 어려운 이유는 말을 거는 것만으로도 독립적인 기능을 하기가 쉽기 때문 아닐까. 일반적으로 사람들은 다른 사람과 말이 통하지 않을 때, 전달하고자 하는 내용을 좀 더 상세하고 친절하게 설명한다. 하지만 빈정거리는 말은 내용이 자세하면 자세할수록 서로의 마음이 멀어지는 느낌이 들기 마련이다. 그래서 화자는 더욱 초조해지고 좀 더 적극적으로 이야기하게 된다. 말의 진공상태가 무서워서 기관총처럼 빠르게 말하게 된다. 여유가 사라지는 것이다.

그런데 이 같은 어려움은 청취자에게도 있다. '듣기'는 반드시 모든 문장을 제대로 받아들여서 가슴속에 쌓아두는 작업이 아니다. 지나치게 집중해서 화자의 말 한 마디, 한 마디에 대응하려고 하면 뇌가 굳어 버린다. 어느 정신과 의사에게 들은 이야기인데, 진정한 의미에서 다른 사람의 이야기를 '듣기' 위해서는 결국 흘려보낼 수 잇는 선, 접지(接地)가 필요하다. 화자의 이야기에 청취자인 내가 일일이 반응하려 한다면, 나는 그 접지를 가질 수 없다. 그리고 다른 사람의 이야기를 확실히 받아들였을 때, 오히려 그것이 상대방에게 악영향을 주는 경우도 있다. 보통 우리가 '흘려듣는다'고 말하는 행위에 포함된 이 독특한 호흡은, 다른 사람의 이야기를 듣는다는 말이 다른 사람의 말을 완벽하게 받아들인다는 것과는 조금 차이가 있음을 깨닫게 해 준다.

여기서 '틈'이란 단어를 떠올려 보자. 목소리가 전달되지 않으면 대화를 시작할 수도 없지만, 반대로 목소리가 너무 확실하게 전달되면 곤란해질 수도 있다. 앞서 특정한 '누군가'로써 대면하려고 하는 장소가 '임상'의 장이라고 말했고,

그 장소에 나와 타자가 한데 어우러져 시간 성격이 더해진 것이 '공통의 현재'라고 규정했다.

여기에 덧붙여서 '틈'이란, 나와 타자 사이의 연결고리이며, 나와 다른 사람의 거리 감각임과 동시에 '틈을 두다.', '이야기에 틈이 생기다.'라는 표현에서도 나타나듯이 시간의 공백이기도 하다. 이런 실마리를 얽히게 하지 않으면 안 된다.

이 책에서 임상철학과 관련한 논의는 철학의 '장소' 문제를 둘러싸고, 철학과 연관된 사람들이 특정한 '누군가'로써 타자 앞에 선다는 문제를 중심으로 진행해 왔다. 그런데 지금부터는 '틈'과 연관 지어 임상철학을 생각함으로써 '대화' 안에서 사고가 깊어진다는 사실을 어떻게 받아들여야만 할 것인가 하는 문제로 접어들게 된다.

우연히
만난다는 것

3

사람들은 모두 이렇게 침묵에서 오는 공허함을 참지 못하고
어떻게 해서든 다른 사람과 대화를 이어가려고 한다.
본인 스스로도 누군가와 이야기하고 있는지 알지 못하면서
그냥 말을 허공을 향해 던진다.
하지만 이렇게 만들어낸 대화는 상대방에게 '착지'하지도 않고, 돌아오지도 않는다.
그리고 대화가 아닌 '부재'만을 공공연하게 확인할 뿐이다.

침묵과 대화의 타협

지금 당신의 눈앞에 두 사람이 서 있다고 가정하자. 그런데 그 둘 사이에 오고가는 말은 전혀 없다. 이것을 '대화의 부재'라고 말하지 않고 '깊은 침묵'이라고 정의하는 사고방식은 어떻게 생겨났을까. 어쨌든 대부분의 사람들은 대화의 부재를 무서워한다.

대화가 끊어졌을 때, 그 침묵을 메우기 위한 말이 떠오르지 않을 때의 서먹서먹한 분위기를 우리는 무서워한다. 이럴 때는 왠지 모르게 '지금까지의 관계가 전부 가식적으로 만들어진 게 아닌가.'하는 생각이 들면서 두 사람의 관계가 퇴색되어 버린다. 다른 사람과 친밀하게 지내온 순간들이 한 순간에 무너져 내린다. 대화의 부재 이전의 내가 쓸모없게 느껴지고, 속은 텅텅 비어버린다.

사람들은 이렇게 침묵에서 오는 공허함을 참지 못하고 어떻게 해서든 다른 사람과 대화를 이어가려고 한다. 본인 스스로도 누군가와 이야기하고 있는지 알지 못하면서 그냥 말을 허공을 향해 던진다. 하지만 이렇게 만들어낸 대화는 상대방에게 '착지'하지도 않고, 스스로에게 돌아오지도 않는다. 단지 허공을 맴돌 뿐이다. 그리고 대화가 아닌 '부재'만을 공공연하게 확인시켜줄 뿐이다.

시인이자 극작가였던 테라야마 슈지(寺山修司, 1935~1983)는 오늘날 우리들이 잃어버린 것은 '대화'가 아니라 '침묵'이 아닐까 하고 물은 적이 있다. 그는 커뮤니케이션이 부풀면 부풀수록 '침묵은 죽어간다.', '침묵이 필요 없게 되었다.'고 말하는 사람들이 늘어나는 현상에 대해 다음과 같이 말했다.

그들은 계속해서 대화 상대를 바꿔가면서 보다 깊은 커뮤니케이션을 일부러 피한다. 그리고 침묵도, 수다도 잃은 '스피킹 머신'과 같이 '대화하는 것'과 '살아있음'을 혼동하면서 나이만 먹어갈 뿐이다.

테라야마 슈지, 〈도쿄 0년〉

'말하면 말할수록 공허해지는 기분을 억누르고 대화해야만 하는 것이 인생이다.'라고 말할 필요는 없겠지만, 일반적으로 어떤 상황에서 사람들이 서로 나누는 대화 속에 진실함을 느끼고 그 말이 빈말이 아니라는 확신을 얻을 수 있을까.

자신의 뜻이 전달되지 않는 안타까움에 점차 언성을 높이는 사람. 그의 목소리는 점점 커지지만, 그 안타까움은 사라지지 않는다. 사람들은 이렇게 큰 목소리로 의사를 전달하려 노력한다. 그러나 깊은 침묵이 '대화'에 뒤떨어지지 않는 농밀한 교감을 이끌어낼 수도 있다. 정신과 의사 로널드 레잉(Ronald Laing, 1927~1989)은 자신의 책, 《자기와 타인》에서 대화와 침묵에 관해 논했다.

어떤 간호사가 파괴형 정신분열증(hebephrenic)을 앓고 있는 환자를 돌보고 있었다. 간호사는 그 환자와 눈을 마주치고 나서 잠시 후, 환자에게 차 한 잔을 대접했다. 만성적인 정신병 환자였던 그는 그 차를 마시면서 이렇게 말했다. "누군가 나에게 차를 대접해 준 것은 태어나서 처음 있는 일입니다." 다른 누군가에게 차를 내주는 일은 일상적인 행동이다. 그러니 이 환자도 다른 사람에게 차를 대접받은 경험이 한 번도 없지는 않았을 것이다. 그렇다면 왜 이 환자는 '태어내서 처음 있는 일'이라고 느낀 것일까.

레잉은 환자의 말을 이렇게 해석한다. 어떤 사람이 내게 한 잔의 차를 내줄 때는, 그 사람이 나의 주의를 끌려고 하는지도 모른다. 나를 자신의 아군으로 만들기 위함인지도 모른다. 나에게 친절을 베풀다가 훗날, 끈질기게 무언가를 요구하는 철면피로 변할지도 모른다. 그것도 아니라면 자신의 다기와 찻주전자를 과시하는 것일 수도 있다. 그러나 지금 간호사가 내준 차는 업무적인 이유나 다기를 자랑하기 위해서가 아니다. '누군가를 위해서', '무언가를 위해' 등의 의지는 전혀 느껴지지 않았던 것이다. 이렇게 오로지 차 한 잔만을 얻어마셨다고 환자가 느낀 적이 지금까지 없었다는 이야기다.

어떻게 한 마디 말도 없이 단지 차 한 잔만을 내준 이 행위에서 환자가 이렇게까지 깊은 만족감을 얻을 수 있었던 것일까. 우리는 일상생활에서 흔히 다른 사람과 대화를 나눌 때, 이야기 도중에 '틈이 생기거나', '말할 틈을 주지 않는' 상황에서 어색함을 맛보곤 한다. 그때 침묵이 대화를 확실하게 뒷받침해 주고, 대화는 침묵을 보다 두텁게 해 준다. 침묵과 대화의 '타협'을 어떻게 우리의 것으로 만들 수 있을까.

말할 틈을 주지 않다

사람들은 종종 다른 사람과의 관계를 말할 때, '호흡이 맞다/맞지 않다'와 같은 표현을 쓰곤 한다. 대화 중 호흡이 맞지 않을 때, 사람은 상대방의 말꼬리를 잡거나, 말투에 민감하게 반응한다. 그리고 말뜻을 제대로 파악하려고 하면서 하나하나의 의미에 구애받게 된다. 대화는 표현되는 것들 중 하나의 국면, 하나의 의문점에 지나지 않는다.

그러나 듣는 사람은 내뱉어진 말에만 집중해서 쪼개고 풀어헤친다. 상대방이 한 말과 내가 한 대답이 함께 뒤엉켜 불안정한 말들이 논리적이고 일의적으로 이어져 간다. 그리고 결국 대화의 초점이 상대방의 의도에서 점점 멀어진다. 그리고 서로의 호흡이 맞지 않게 된다. 한 번 이런 식으로 대화의 호흡이 빗나가기 시작하면, 수습하기는 매우 어려워진다.

대화를 주고받을 때의 '호흡'은 시간적인 요소다. 시간적 의미로서의 '틈'이 어떤 탄력성을 갖고 있는가, 어떤 '여유'와 '겨를'을 갖고 있는가가 문제다. 이에 대해서 정신과 전문의 기무라 하야는 시간적인 의미로서의 '틈'을 타이밍의 문제로 받아들였다.

아버지와의 관계가 좋아지지 않는다. 아버지와 한번 부딪히고 나면 나는 꼭 컨디션이 나빠진다. …… 좋은 타이밍을 잡을 수 없다. 아버지가 대화의 타이밍을 흐트러뜨린다. 아버지의 타이밍에 지고 있다. 잠깐의 틈도 허용하지 않아서 나는 매우 곤혹스럽다. 다른 사람과 이야기할 때보다 어렵고, 대화의 전체적인 흐름과 맞지 않게 말이 빨리 튀어나와 버린다. 아버지와 대화할 때는 언제나 붕 떠 있는 기분이라 리드미컬하게 대화를 이끌 수가 없다.

당연히 내가 이야기를 주도해 나갈 수도 없다. 이야기할 때 틈이 없으니까 행동도 자연스럽지 않다. 집에서 부모님을 대할 때면 입을 꾹 다물고 있는 편이 좋은지, 같이 이야기 하는 편이 좋은지조차 알 수가 없다. 아버지와 이야기하려고 애쓸 때도 내 의지를 꺾어버리고, 마음대로 화제를 바꿔버리는 통에 도무지 이야기의 타이밍을 맞출 수가 없다.

대화를 할 때 방해요소가 없으니까 가속도가 붙어서 더욱 빨라지고 쭉쭉 앞으로 나아간다. 기다리는 쪽은 괴롭다. 초조하기보다는 긴장이 풀어진다. 청취자의 내면에 만족감이 생기기도 전에 벌써 다음 이야기가 진행된다. 붕 떠 있는 듯하다. 전체적인 상황이, 이야기의 맥락이 잡히지 않으니까 급작스럽게 끼어들게 된다.

기무라 하야,《우연성의 정신병리》

기무라는 여기서 '타이밍'이란 단어에 주목한다. 타이밍은 시간을 동사화한 형태로, '좋은 시기를 노리고, 시의적절하게 박자를 맞춘다.'는 의미다. 영어에서는 이 정도로 고정된 개념으로 사용되지 않는다. 그러나 번역되는 과정에서 매우 중요한 의미를 부여받아서 일상적으로 사용되고 있는 사실에 주목하는 것이다. '이야기할 틈이 없다.', '붕 떠있는 느낌이다.' 등 기무라는 이런 구절 속에 현실적으로 '시간이 가는' 그 순간의 미묘한 움직임을 잡아내는 고유한 감각을 간파하고 있다. 대상화할 수 있는 객관적인 시간이 아니라 정확히 '대상'으로서의 시간, '현실성'을 갖고 흐르고 있는 시간을 '타이밍'이란 표현 안에서 읽어낸 것이다. 이때 '타이밍'이란 시간은 항상 간(間)주관적 상호 행위의 장면에서만 발생한다.

  기무라는 '정지한 대상과 거리를 두고 인식하는 주관은 타이밍이 문제가 되지 않는다.'고 주장한다. 바꿔 말하면, 타이밍을 간주관적인 이면현상으로 인식하고, 그 장소를 시작으로 매회 주체라고 할 수 있는 것이 성립된다는 이야기다. 이것은 늘어나고 줄어드는 탄력성을 가진(즉, 여유를 가진) '틈'을 만들어 냄으로써 처음으로 내가 '나'로서 유지될 수 있는 장소가 된다. 참고로 독일어를 예로 들면, 톱니바퀴 등의 틈새를 '여유공간(spielraum)'이라 부른다.

이 논의에서 특히 흥미로운 점은 정지한 대상과의 관계에서 타이밍은 문제 되지 않는다는 사실이다. 움직이고 있는 대상과 또 다른 움직임이 있는 대상의 관계 속에서 '마치 블랑코의 묘기처럼 한순간의 틈을 포착해 상대방에게 즉각 반응하는', 완전히 임기응변으로 이뤄진 대화 방식이 '타이밍'으로 불린다. 움직이는 것들 사이에서 대화 방식이란 그 둘의 사이의 관계를 본래의 모습대로 새롭게 설정하지 못하고, 대화의 흐름을 새롭게 읽어내는 일도 할 수 없다는 말이다. 마치 바닷길 위에서 지도도 없이 향해하는 것처럼 대화가 시작되었다는 이야기다.

그런데 여기서 말하는 타이밍의 일치나 시차는 어떻게 의식되는 것일까. 이것은 말로 설명하기가 참 어렵다. 예를 들어, 예술적 재능이나 장인의 기술 등은 춤이기도 하고 음악이기도 하다. 그리고 서예나 건축, 정원 꾸미기 등 시간을 들여서 문자 그대로 몸으로 기억하는 기술이다. 그 메커니즘을 언어로 바꾸는 행위는 극히 어려운 일이다. 그것은 누가, 언제, 어디서와 같은 유연성을 잉태하기 시작하면서 완성된 재능이며 기술이기 때문이다. 또 누군가에게 확실하게 이어받은 것이기 때문이다. 따라서 그 보편적인 규칙을 기술하는 일은 개연적으로밖에 할 수 없다.

확실히 보편화할 수 없는 것들은 언어를 거부하기 때문

이다. 그런데 다른 방향에서 보면 그 예술적 재능과 기술은 가변적이고, 그때그때 상황에 맞춰서 대응할 수 있는 유연함을 갖고 있다. 또 이에 한해서는 일반성을 가진다. 자동차 운전석이 왼쪽에서 오른쪽으로 바뀐다 하더라도 바로 순응할 수 있는 반응이다. 컴퓨터 기종이 바뀌어도, 오르간 건반과 음관 장치가 바뀌었어도 잠깐만 사용하면 이전과 다름없이 키보드를 누르고 연주할 수 있는 능력이다. 사용의 특정한 방법이나 습관이라 불리는 것들은 결국, 모든 상황에서 변환 가능한 일반성에 의해 유지되고 있다.

여기서 중요한 것은 보편화할 수 없는 일반성이 사람과 사람 사이에서 형성된다는 점이다. '가르치다/배우다'와 같이 몸에 기억되는 방법으로 전승되는 것이 그 예다. 이것은 예술적 재능과 장인 기술에 한하지 않고 극히 일상적인 지각과 대응, 일반적으로 말하는 행동이다. 무엇보다도 대화라는 형태의 사고와 생각의 교환 같은 경우에는 동시대적인 호응(동기성(同期性))이 현저하게 나타난다. 그것도 관계를 맺는 상대방은 그때마다 바뀌는데, 상대방의 변화에 따라 둘 사이의 관계의 양상 역시 바뀌게 된다. 이런 장면에서 활동하는 일반성은 보편적인 일반성이 아니라, 어떤 특정한 신체적 관계에 한정된 일반성이기 때문에 보편화될 수는 없다.

여기서 또 한 가지, 앞에서 나온 이야기 중에 '잠시라도 이야기할 틈을 주지 않는다.'는 표현을 주목할 필요가 있다. 지금까지는 '틈'이란 자신의 존재가 흐트러지거나 찢어지는 것, 다른 사람이 침투해 오는 틈새, 혹은 구멍으로 인식되어 왔다. 자기 자신과 다른 사람을 나누는 경계가 침범당했다고 인지하는 감각이었다. 일반적으로 사람들은 나와 다른 사람의 '틈'을 나와 다른 사람을 나누는 벽으로 인식하고 있으며, 거기에 공간이 생기면 그 틈을 이용하려 한다고 생각한다. 따라서 언어의 소용돌이 속에서 그 '틈'을 메우려고 할 뿐이다. 때문에 우리는 뭔가에 홀린 듯이 입을 움직이기 시작한다.

그러나 '틈'이란 것은 그곳에 자신을 맡기고 자신의 틀을 느슨하게 만들거나, 자기 자신을 눈앞에 존재하는 타자의 타자로써 인식하거나 해서 그 존재가 흔들리거나 혼란스러워하면서도 새로운 형식을 부여받는 장소라고 할 수 있다. 때에 따라서는 자신을 누이고 쉴 수도 있는 모든 '자아 조정의 장'이다.

우리는 보통 커뮤니케이션이라고 하면 의견의 일치, 즉 합의를 떠올리기 마련이다. 그런데 만약 커뮤니케이션에 동기를 부여하는 무언가가 존재하고, 그 안에서 타자와 함께 확실히 눈앞에 존재하는 사람으로서의 자신을 느끼고 있다고 가정해 보자. 이때 가장 중요하게 생각해야 할 것은 타자, 즉 자신과는 다른 어떤 존재를 똑똑히 받아들이는 것이 아닐까. 그래야 나와 타자의 차이를 고찰하고, 이를 통해 자기 존재의 윤곽을 대충이라도 잡아낼 수 있을 테니까. 즉, '다른' 사람을 멀리하던 자신의 경험에서 오는 의사의 차이라기보다도 오히려 감정의 차이라고 봐야하지 않을까. 또는 감수성과 사고의 활동 방식의 미묘하지만 깊은 차이를 받아들이지 않으면 안 되는 것이다.

사람들은 말할 타이밍이나 틈을 제대로 잡을 수 없을 때, 자신이 말을 해서 자신과 다른 사람 사이의 공백을 메우려고 한다. 그래서 숨 쉴 틈도 없이 떠들거나, 이것 아니면 안 된다는 식으로 스스로 뱉은 말 속에 얽매인다. 그렇게 되면 자신을 지탱해 주었을 타자와의 접촉이 역으로 자신을 향한 폭력으로 변질되어 버린다.

대팻밥으로 채워 넣은 상자에 놓인 달걀을 상상해 보자. 깨지기 쉬운 달걀이지만 공기를 머금고 그 자체가 휘어지는 성질을 가진 대팻밥 덕분에 안전하게 옮길 수 있게 된다. 그런데 만약 대팻밥과 같은 '틈'이 없어진다면, 이것은 완충제가 없는 상자로 변하는 것이나 마찬가지가 된다. 그래서 상자가 흔들리면, 달걀 표면이 직접 상자에 닿아 깨지게 된다. 그런데 어떻게 '틈'이 나와 타자 사이의 필수 요소

(대팻밥)로 자리 잡은 것일까. 어떻게 쿠션과 같은 완충체가 된 것일까.

'틈'이 없는 곳에서는 약간의 미동이나 흔들림도 생겨나지 않는다. 모든 계기가 정지된 상태에서 완전히 긴밀하게 연결되어 있다고 생각해 보자. 그때 기본 골격이 약간만 휘어도 전체 구조에 틈과 뒤틀림이 생기기 마련이다. 반면, 틈이 있을 때는 흔들림을 허용하는 빈틈이 유연성을 만들어 낸다. 그래서 끊어지는 대신 휘어짐과 뒤틀림으로는 유연하지만 견고하게 버티도록 만들어 준다. 이렇게 모든 연결고리들이 기호가 되어 긴밀하게 물려 있는 상태에서는 타자와 나 사이에 모든 대화가 아주 미세한 휘어짐과 뒤틀림조차도 상대방에게 영향을 주어서 반작용을 일으킨다. 그리고 그것이 부메랑처럼 되돌아 와 나 자신을 속박한다. 결국 대화에서 말과 말이 반응하면서 도대체 누가 이야기하는지조차 모르게 된다.

역으로 지나치게 '틈'이 벌어져서 둘 사이에 벽이 있는 것처럼 변하면 대화도 형식적인 주고받기가 되어 버린다. 또 서로의 의사가 확실하게 상대방에게 전달되고 타자의 가슴 속 깊은 곳까지 침투해 가는 일은 더 이상 일어나지 않게 된다. 그래서 대화 도중에도 될 수 있으면 그에게서 도망치고 싶다는 불편한 생각만이 머릿속에 둥둥 떠다닌다. 그래서 자신의 내면으로 반복해서 숨어든다.

이때는 자신의 내면을 아무리 들여다보아도 '이게 나다!'라고 말할 수 있는 무언가와 만날 수 없다. 자기 자신의 동일성, 나라는 존재에 대한 감정은 내가 아닌 타자에 의해, 혹은 타자를 경유함으로써 얻어지는 것이다. 따라서 내면에 틀어박혀서 자신을 격리해 놓아서는 얻을 수가 없다. 타자에게서 격리되면서부터 사람은 '자기 자신'을 일부러 쳇바퀴 속에 밀어넣는다. 자신의 꼬리를 계속해서 삼키는 '우로보로스(Ouroboros, 자기 꼬리를 입에 문 모습으로 무한을 상징하는 상상의 뱀)'처럼 괴기한 형태로만 자기 자신과 소통할 수 있게 되는 것이다. 이와 같이 어떤 '틈' 덕분에 다른 사람과 관계에서 나타나는 소소한 어긋남과 차이가 그와 나의 관계에 결정적인 데미지를 입히지 않고 살아갈 수 있는 것이다.

자아정체성을 확립하기 위해서는 반드시 타자의 존재가 필요하다. 레잉은 '나는 누구인가?' 하는 질문—나의 정체성에 의해서 어떤 시간과 장소에서도 과거의 나와 미래의 나, 현재의 내가 동일인물이라고 느끼는 것—이 타자와의 관계 속에서 시작해, 현실화된다고 주장했다. 또 나와 타자 사이에 정체성의 '보완성'을 문제 삼았다.

보완성

나와 타자 사이에 '틈'이 있기 때문에, 즉 타자의 존재 없이는 '나'의 존재를 확실하게 인식할 수 없다는 이야기다. 그런데 여기서 말하는 '타자'는 식료품이나 의류, 집 따위의 물질적인 것이나 대화, 예절과 같이 공동생활을 유지하기 위해서 필요한 관습 따위가 아니다. 즉 이런 의미와 연결된 '사회적 존재로서의 타자'가 아니라는 뜻이다. '나는 누구인가'라는 질문에서의 변별성, 그 유일함을 내가 느낄 수 있게 해 주는 조건에 걸맞은 존재로서의 '타자'가 중요하다.

자아정체성을 '어떤 시간과 장소, 과거에도, 미래에도 자신이 동일인물이라고 느끼는 것'이라고 했을 때, 이를 확립하기 위해서는 반드시 타자가 필요하다. 레잉은 '나는 누구인가?'하는 질문이 타자와의 관계 속에서 시작, 현실화된다고 주장했다. 《자아와 타자들(The Self and Others)》에서 레잉은 정체성에 관해 논할 때, '장소'를 문제 삼는다. "모든 인간은 아이나 어른이나, 다른 사람이 가지는 의미, 즉 타자의 세계 속에 자신만의 일정한 공간을 필요로 한다. …… 딱 한 사람이라도 타자의 내면세계 속에서 일정 부분을 차지하고 싶다고 느끼는 감정은 보편적이고 인간적인 욕구다. 필시 종교가 주는 최대의 위안은 내가 위대한 타자 앞에서 살아

가고 있음을 실감하는 일이다. 대부분의 사람들은 인생의 어떤 시기에 이르면, 다른 한 사람의 내면세계에 자신이 가장 큰 장소를 차지하길 원한다."고 서술했다. 이 부분에서 레잉이 이야기하는 내용은, 각각의 개인은 그 자신이 다른 사람에게 어떤 다른 사람으로 존재할 수 있는가 하는 감정이 '나'와 동일성을 느끼는 감정의 핵을 이루는 구조로 되어 있다는 것이다.

학생도 아니고 교사도 아니다. 환자도 아니고 의사나 간호사도 아니다. 교사나 의사, 간호사로써 가지는 동일성은 만약 그것이 일방적인 관계라 해도 역시 상호보완적으로 이뤄진다. 이런 의미에서 볼 때 어떤 인간관계가 있으면, 그 속에는 타자에 의한 나, 나에 의한 타자의 '정의 내리기'가 포함되어 있다. 이때 직책의 동일성이 아니라 단적으로 '누구'라고 이야기할 때 자신과의 동일성이 중요한 문제가 된다. 타자는 교사도 의사도 아닌 다른 '누구'라는 독자적인 존재다. 그래서 '타자'에게 내가 아무 의미도 없는 존재가 아닐까 하는 생각에 사로잡히게 되면, 그는 깊은 좌절을 맛보게 된다.

인간은, 타자라는 존재의 결함을 경험하는 것이 아니라 타자에게서 다른 사람으로서의 자기 자신의 존재 결함을 경험한다. 그를 향해서 내가 무엇을 어떻게 하든 나의 의지에 따라 움직여주지 않는 타자, 그를 유혹하거나 강요하면서 그에게서 무언가를 뺏거나 질식, 단절 시키는 등 모든 방법을 동원한다. 하지만 자신의 틀을 파괴하려 하지 않는 타자에게서 나는 괴로움을 느낀다. 타자는 내 앞에 있지만, 나는 타자에게 존재하지 않는 것이다.

로널드 레잉, 《자아와 타자들》

때로는 타자가 나를 원하거나 찾는 것, 이야기를 걸어주는 것이 나에 대한 애정 어린 행위가 아니라 증오와 비난의 일환인 경우도 있다. 그러나 이런 경우라도 다른 사람의 관심사에 속한다는 것, 다른 사람의 의식 속에서 무시당하지 않고 일정 부분을 차지하고 있다고 느끼는 감각을 통해 그 사람의 '존재증명'이 된다. '그 누구도 나에게 말을 걸어 주지 않는다.'는 유서를 남기고 자살하는 경우도 이 존재증명 때문이리라.

그렇다면 한 사람이 타자로부터 자신을 느낄 수 없을 때, 어떤 반응을 보이게 될까. 우선 첫 번째로 과도하게 타자에게 접근하려는 반응이 있다. 타인의 삶을 자신의 삶으로 여기며 살아가는 '투영적인 동일화'나 반대로 타인의 존재 자체로 대리만족해 버리는 '병합적인 동일화'의 모습을 보인다. 여기에서는 타자의 부재가 '타자와의 동일화'로 변하면서 한꺼번에 부정된다.

나가이 마리(長井真理)는 〈정신분열증 환자의 자타 구별 의식에 대하여〉라는 논문에서 흥미로운 의견을 내놓는다. 지하철 플랫폼에서 모르는 남성에게서 갑자기 '결혼해 주세요.'라는 프로포즈를 받은 여성의 예를 들면서, 이전까지 안면이 없던 사람 사이에 있어야만 할 익명의 '무관계'가 갑작스러운 프로포즈로 인해 간-주관적인 타당성을 잃은 채, 갑자기 어느 정도의 친밀도를 갖고 있는 것과 같은 관계로 변경되는 경우가 있다고 말한다. 이럴 때는 둘 사이의 '틈'이 쿠션과 같은 역할을 못하게 된다.

그런데 이 두 가지 동일화는 피상적인 일인 동시에 '해설'과 '구제'라는 종교적인 기법과 구조적으로 비슷한 성질을 가진다. 자기 자신을 스스로에게서 최대한 멀리 떨어뜨리는 것이 해설이며, 반대로 구제는 자기 자신과 다른 것들을 내면으로 불러들이는 기법이기 때문이다.

자신을 넘어선 대상에게서 스스로를 막아버리거나, 반대로 자신과 다른 존재를 나의 내면으로 끌어들이는 일은 모두 자신을 세상에 완전히 내던지는 것을 의미한다. 그런데 이것이 말 그대로 '초월'이 아니라 구체적인 타자와의 수평적인 관계의 장면으로 이동했을 때는 다른 사람에게 과도한 접근, 부담을 주는 현상이 되는 것이다.

종교에서의 '전도'가 종종 다른 사람에게 들러붙어 과도한 관심이나 오지랖으로 다른 사람을 질리게 하는 경우도 모두 이 때문이다. 타자를 향하는 과도한 접근을 개인적 신앙의 동기에서 살펴보면, 스스로 자기 중심을 자기 밖에 두려고 하는 특징을 보인다.

두 번째는 '환상의 해결법'이다. 내가 어느 누구에게도 의미 있는 존재가 될 수 없다고 느낄 때를 생각해 보자. 이때 자기 자신을 타자로 인식해 버림으로써 다른 사람과의 관계를 '허구'로라도 만들어서 자기 자신의 존재를 확증하려는 반응을 말한다. 이것은 자신을 의미 있는 존재로 느끼기 위해서 타자를 망상적으로 설정하고, 타자와의 허구적인 관계 속에서 자신을 의미 있는 존재로 인식하는 것이다. 피해망상은 자기 자신을(하다못해 부정적인 형태라고 해도) 공격받는 대상으로 가상 설정함으로써 허구의 타자로부터 스스로를 몰아내려는 무의식과 몸부림이 반영되어 있다. 사람은 이와 같이 해서라도 '어느 타자로부터의 타자'로써 자신의 존재를 느끼려고 무던히 애를 쓴다. 이렇게 자아정체성이란 항상 다른 사람과의 관계 속에서 부여받으면서 확증되는 것이다. 그래서 자기 혼자서는 가질 수 없는 것이다.

그런데 종종 사람들은 자신의 정체성을 '소유하거나 잃

는것, 혹은 찾아야 하는 대상'으로 착각하는 경우가 있다. 이때 타자는 자아정체성을 위한 재료가 된다. 그것을 짜 맞춰 스스로의 초상을 조립해 간다. 하다못해 환상 속의 타자를 만들어서라도 말이다. 타자의 타자로서 자신의 존재를 느끼기 위해서 어떤 종류의 '틈'이라도 둘 사이에 가져다 두지 않으면 안 된다. 그러나 이 경우에는 다른 사람과의 '틈'이 너무 극대화된다. 또는 빗나간, 아니 요점에서 벗어난 형태로 현상이 진행되고 있기 때문에 '틈'이 없어진다. 레잉은 어머니가 아이에게 대화의 요점에서 벗어난 반응을 보인 예로 다음과 같은 이야기를 제시했다.

다섯 살짜리 남자아이가 큰 벌레를 손에 쥐고 엄마에게 달려가며 말했다. "엄마, 이것 봐! 되게 큰 벌레를 잡았어!" 그러자 엄마가 대답했다. "너는 항상 지저분하게 구는구나. 저기 가서 빨리 씻고 와!"

이 대화 속에서 엄마와 아이의 말은 확실하게 어긋나 있다. 벌레를 보여주는 아이에게 대화를 통해서 엄마는 다음과 같은 추가 메시지를 전달하고 있다. '네가 벌레를 잡든 말든, 나는 상관없어. 내게 중요한 것은 네가 청결한가 아닌가야. 깨끗할 때만 네가 사랑스럽단다.'라는 메시지다. 여기서 '네가 사랑스럽단다.'라는 말은 '너를 인정한다.'는 뜻이리라. '인정'받는 일이 타자에게 타자로써의 자신을 확인받는 행위의 핵심이라면, 이 말 속에는 아이를 '인정하는' 행위가 존재하지 않는다.

이와 관련해 레잉은 또 다른 예를 들었다. 한 남자가 "이런 일을 저지르는 녀석은 내 아들이 아니다."라는 아버지의 말에서 '너는 내가 내 자식이라고 말해야만 내 아들이 될 수 있다. 내 아들이 아니라고 말하면, 너는 그 순간부터 내 아들이 아니야.'라는 아버지의 추가 메시지를 읽었다. 그리고 '자신은 이러하다고 말하면 그런 사람이 된다. 또 내가 나는 이렇지 않다고 말하면 그것은 내가 아니다.'라고 해석하여 마침내 '나는 손가락을 까딱하는 것만으로 원하는 사람이 된다.'는 망상에 빠져들던 청년도 있었다.

이 청년은 타자와의 거리가 극대화된 예라고 할 수 있다. 이 청년의 아버지처럼 무의식중에 다른 사람의 자아를 빼앗아버리는 술수는 여러 가지 형태로 존재한다. 예전에 그레고리 베이트슨(Gregory Bateson, 1904~1980)도 지적한 바와 같이, 대화를 할 때 청취자가 숨겨진 의미에만 지나치게 반응하면 의미 자체를 혼동해 버린다. 그래서 정의 그대로의 의미와 은유를 이해할 수 없는 경우가 발생한다. 또 말속의 메시지를 단지 문자 그대로 받아들여서 언어 이외의 의미, 숨겨진 의미를 완전히 무시하기도 한다. 그래서 의미 작용의 다층적인 레벨을 단일적 차원에서 평준화하는 경우도 있다. 그리고 결국에는 커뮤니케이션을 단절하고 침묵한다.

'임상'이란 형식으로 타자와 대면하는 일은 어떤 작은 부분도 틀어지게 놔두지 않는다. 사전에 커뮤니케이션 형식을 한정한 상태에서는 타자와의 대화 범주 안에 속할 수 없기 때문이다. 레잉이 '나는 손가락을 까딱하는 것만으로 내가 되고 싶은 사람이 된다.'고 망상하는 청년의 예에서 언급한 바와 같이 '나는 그들이 이렇다고 말하는 사람이 아니고, 나 스스로 이렇다고 말한 그 사람도 아니다.'라고 사고하는 것이 중요하다. 나와 타자가 서로 보완적이란 말은 자타, 어느 쪽의 관계에서도 일방적인 규정성을 갖고 있지 않음을 의미한다. 그리고 '누구'와 대면하는가는 (타자의 타자로서) 자기 자신의 규정에 깊숙이 빠져 들어가는 것을 의미한다. 이것은 '임상'이 구체적인 커뮤니케이션의 장으로 있는 한, 그것이 어떤 장소건 이미 일반적으로 규정된 장소 안에서 새로운 의미를 찾아내기는 어렵다.

누군가를 만나는 일

'누군가'와 만나는 것. 그 '누군가'는 만날 때마다 새롭고 구체적인, 그래서 특정한 타자이고 일반적인 타자가 아니라는 점은 '임상'에서 결정적인 의미를 갖는다. 왜냐하면 자신과 대면하고 있는 다른 사람이 바뀔 때마다 '임상'의 장 역시 구조가 바뀌기 때문이다. 이와 반대로 내가 다른 사람인 '누군가'에게 완전히 무신경하고 중립적인 입장만을 고수한다고 하자. 그러면 때에 따라서는 내가 타자와 친밀하게 연결될 수 있는 가능성을 갖고 있다. 그러나 그 중립이 시종일관 중립적인 채로 변하지 않으면, 오히려 내가 타자의 밋밋한 '거울'이 되고, 타자에게 교착 내지는 자기폐쇄의 동기를 부여하게 된다.

누군가와 대화를 나눌 때, 우리는 일반적으로 상대방의 마음과 기분을 파악하고 그 사람의 개별성을 파악한다. 이것을 어떻게 하는 것일까. 또 보편적인 타자가 아니라 개별적인 한 사람으로서 다른 사람과의 만남은 시시각각 다르게 일어난다. 어떤 과정을 거치는 것일까. 나가이 마리는 이 물음에 대해 재차 '틈'이란 단어와 관련된 환자의 예를 들면서 흥미로운 논의를 전개하고 있다. 그는 환자의 말을 다음과 같이 인용했다.

사례1) 다음에는 무슨 이야기를 할까, 상대방이 이번에는 무슨 이야기를 할까, 하나하나 생각하면서 대화하기 때문에 틈이 발생한다. 그렇게 틈이 생겨날 때 상대방 역시, 내가 다음에 무슨 이야기를 할까 생각하기 때문에 내가 말한 내용과 상대방의 예측이 완전히 어긋나면, 당황스러워하며 혼란을 느낀다. 이렇게 계속 초점에, 어긋난 내용을 말하다 보면 말하기 속도가 다른 사람에 비해 늦어진다.

사례2) 만약 내가 상대가 말을 하기 전에 생각하고 있는 것을 알아낼 수 있는 능력이 있다면, 상대방이 말하기 전에 내가 그 말을 자르고 다른 이야기를 꺼낼 수 있을 텐데…….

나가이는 위의 사례들이 우리 일상에서의 대화가 어떤 구조로 진행되는가를 보여주는 것이라고 주장한다. 또 '일상생활에서의 대화는 자신과 상대방이 서로 다음에 말하려고 생각하고 있는 내용(의미 지향)을 무의식 중에 선취함에 따라 자신이 다음에 이야기할 내용도 거의 자동적으로 결정된다. 그래서 서로 '의미 지향'의 선취가 원활하게 진행될 때만 대화의 자연스러운 흐름도 가능하다. 그래서 대화 상대는 자신이 하고자 하는 말이 해당 대화에 적당한가, 아닌가에 대해 하나하나 사전에 의식하고 검토할 필요 없이 갑자기 이야기를 꺼낼 수 있게 된다.'고 이야기했다. 그렇기 때문에 '누군가'인 타자의 개별성에 대한 무신경함과 시간

감각에 달려 있다고 논의를 진행한다.

상대방이 무의식 중에 선취하여 얻어낸 그의 의미 지향은 상대의 '하고자 하는 말'의 의미 지향이다. 그에 비해 예의 환자의 경우와 같이 대화 상대가 말로 표현하는 내용에서 의식적으로 유추해서 얻어낸 의미 지향은 '이미 말한' 의미 지향이다. 타자에 의해서 이야기된 그 말을 통해서만 그가 말하고자 하는 바를 짐작하기 때문에 그 뜻을 파악하기란 결국 '늦어질 수밖에 없다.' 그리고 여기서 보이는 것처럼, '하고자 하는 말'과 '이미 입을 떠난 말' 사이에 존재하는 근소한 시간차에서 대화 상대의 '하고자 하는 말'의 의미와 내용의 차이가 발생된다고 할 수 있다. 특히 문어에서는 이 '어긋남'이 결정적인 역할을 한다. 왜냐하면 문어에서는 텍스트의 의미가 글쓴이의 의미 지향이란 문맥에서 해방되어, 특정한 누군가가 아닌 불특정 다수의 독자들을 향해 열린 것이기 때문이다.

나가이는 앞서 다룬 환자의 경우, 파롤(대화체)의 사건인 대화를 에크리튀르(쓰기)와 렉튀르(lecture, 읽기)의 행동으로 영위하고 있다고 말했다. 하지만 대화를 듣거나 읽히는 것도, 쓰인 것도 아닌 경우에는 진실된 주체성이 나타날 수 없다고도 말한다. 또한 에크리튀르적 구조로 이뤄진 대화에서는 그 말이 개별적인 타자에게가 아니라 보편적인 타자를 향한다. 그러니까 이 같은 구조는 구체적 개개인 그 자체를 '일반적인 타자'로써 경험하며, 이에 한해서 타자의 주체성을 '배제'시키는 것이라고 주장한다.

그럼으로써 대화를 할 때 생기는 시간적 '틈'의 팽창과 ― 현상학자가 '시간의 정원'이라 부르는 것― 특정한 '누군가'서 타자의 경험과의 관계를 알아낼 수 있다. '듣기'의 장면에서 활발히 활동하고 있는 그 관계 속에서 말이다. 기무라에게는 '타이밍'의 문제였던 '틈'의 시간성이 여기서는 '누군가'의 경험과 결부되어 있는 것이다.

그런데 나가이는 언뜻 봐서는 의미를 알 수 없는 표현을 사용하고 있다. 커뮤니케이션에서 전달은 의미의 언어 교섭과 함께 (의도해 버리거나 표명하거나에 관계없이) 자기를 표출하는 면이 있다. 보통 이 두 가지 면은 어느 한 쪽이 전면에 나오면 다른 쪽이 배후로 물러나는 길항 관계다. 또 그는 울프강 블랑켄부르크(Wolfgang Blankenburg, 1928~2002)를 인용하면서 분열증 환자에게 보이는 다양한 언어장애 증세는 전달 기능을 극단적으로 의성화한 표출 기능이 우선시되면서 발생된다고 여겨지고 있음을 언급한다. 문제는 그 다음에 있다. 전달과 표명이라는 두 개의 기능을 '말하는 언어'가 아니라 '들리는 언어' 쪽에서 본다면 어떻게 되는가의 문제다. '말하는 언어를 자기표출이라고 정의하고, 들리는 언어의 표출을 살펴보자. 이때 우리는 보편적 타자가 아니라 확실히 개별적 타자와 만난다는 사실은 말할 필요도 없는 것 아닌가?'라는 물음이다. 여기에서 들리는 언어의 '표출'을 어떻게 받아들일 것인가가 문제로 나타난다. 우리는 이것을 '언어의 살결(말투)'로 직접 접해 보고 나서 파악하려 했다. 그 말이 가슴을 파고든다, 하나하나 화살이 되어 박힌다, 가시 돋친 말투다, 말꼬리를 늘린다, 그리고 말투가 차갑다, 딱딱하다, 무미건조하다, 무겁다, 쉴 틈 없이 이야기한다…… 등등, 관용어구로 된 그물망으로 파악하고자 했다.

나는 우리가 살펴보고 있는 '듣기의 철학'이라는 문제도 '언어의 그물망'이란 주제를 핵심에 두고 조금 더 구체적으로 파악하고 싶다. 하지만 앞서 이야기한 '틈'의 시간성과 '누구'라고 하는 특이성의 경험이라는 문제에 직면한 '임상철학'이 어떻게 규정되어 가는가를 정리하고자 한다.

메를로퐁티에 의하면, '임상철학'은 3가지의 '비―철학 (non-philosophie)'적 내지는 '반―철학(anti-philosophie)'적 지점에 서 있다. 첫 번째로 먼저 임상철학은 대상에 대해서 논하거나 글로 쓰는 철학이 아니라 '듣는' 행위를 통해서 진행되는 철학을 모색하고 있다. 두 번째로 임상철학은 누군가 어떤 특정한 타자를 향한다는 '단독성' 내지는 '특이성(singularity)'의 감각을 중시한다. 즉, 보편적 독자를 향해서가 아니라 누군가 어떤 개별적인 사람을 향하는 철학을 지향한다. 이것은 일반적 규칙의 한 예(example)가 아니라 사례 연구와 연관 지으려는 것이다. 세 번째는 사전에 소유된 원칙의 적용이 아닌 일반적 원칙이 개별 사례에 의해 흔들림이나 경험이 되고, 이것을 통해 철학의 경험을 얻을 수 있다는 것이다. 메를로퐁티가 철학을 '그 존재의 단서가 끊임없이 새로워지는 경험'이라 정의하고 있는 것과 마찬가지다. 주장하는 것이 아니라 '듣는' 것이며 보편화 불가능한 것이다. 그리고 '임상'이 '철학하는' 사람에게 임상의 장면에서 원하는 사람의 경험에서 변용을 끌어내는 하나의 사건이기도 하다. 그리고 '임상'이 시간 안에 존재한다는 것까지 포함한 3중의 의미에서 본다면 '임상철학'은 비—철학적이라 할 수 있다.

'임상'은 사람이 특정한 누군가로써 다른 누군가와 만나는 장면이다. '임상'에 한해서는 내가 만나는 타자와의 우연성이 포함된다. '임상'에서는 스스로 만날 타자를 선택하는 것이 아니라 타자와 거기에서 '우연히' 만나는 것이다. 그리고 이 우연성 안에서 생성된 사회성을 '임상철학'은 중점적으로 다루고 있다. 그 배경에는 누군가의 특이성과 단독성,

타자와의 근원적으로 우연한 관계 속에 근거하고 있다는 사고가 깔려 있다.

4

목소리가
울려 퍼지다

타자가 나에게 말을 걸어주고 있다는 그 감각이 중요하다.
다른 사람이 나의 말을 들어주었다고 실감하는 것이 중요하다.
이것을 실감함으로써, 상담자의 질문이라기보다 상담자의 하소연이
다른 사람에게 확실하게 받아들여짐을 느끼면서 문제가
절반 이상은 해결된다.

어떤 인생상담

예전에 소설가 우노 치요(宇野千代, 1897~1996)가 한 신문에 '살아 가고 있는 나, 인생상담'이란 코너를 연재했다. 그녀는 어떤 상담자를 일 년에 걸쳐 상담하기도 했다. 코너가 연재될 때는 읽지 않았지만, 지인의 추천을 받은 후 한꺼번에 그녀의 상담코너를 전부 찾아보았다. 그리고 순식간에 빠져들었다. 다음은 상담 중 가장 기억에 남는 것이다.

Q) '자랑도 어지간히 하라.'는 소리를 들을 지도 모르겠지만, 저는 외모, 스타일, 성격도 평균 이상이고 학력도 상위권 대학을 졸업했습니다. 다도나 꽃꽂이까지 다 배워 두었고, 지금은

신부수업을 받고 있습니다. 하지만 마음속으로는 앞으로 같이 살아갈 남자나 여자가 아니라 내 능력만이 유일하고 절대적이라고 믿고 있습니다. 계속해서 위를 향해 도전하다 보니 어느새 서른셋이 되었습니다. 그러나 이제 능력에도 한계가 왔고, 세상살이를 감당하지 못하겠다고 생각할 지경에 이르렀습니다. 이제 와서 당장 자립할 수 있는 일을 찾을 수 있을 리도 없고, 프라이드가 지나치게 높은 저를 만족시켜 줄 배우자가 나타나는 일도 없을 것 같습니다. 어떤 마음가짐을 가져야 일과 결혼이라는 두 마리 토끼 모두 잡을 수 있을까요.

우노는 이 편지에 다음과 같은 답장을 지면에 실었다.

A) '나잇살이나 먹어서는 적당히 해라.' 하고 욕할지도 모르겠습니다만, 나는 당신의 편지를 읽고 본의 아니게 조금 웃어버렸습니다. 자랑하는 것도 무리는 아니라고 생각했기 때문입니다. 당신은 용모, 스타일, 성격도 평균 이상이고 학력도 상위 대학을 졸업했습니다. 또 그 대학을 졸업한 후에는 다도와 꽃꽂이는 물론이고 범상치 않은 일들을 전부 배웠습니다. 또 신부수업까지 받고 있으니까요.

하지만 당신의 마음속에는 '같이 살아가는 남자나 여자가 아닌' 능력만이 유일하고 절대적인 것이라 믿어왔으며, 계속 어려운 일에 도전해 왔다고도 했습니다. 그러다 보니 어느새 서른셋이 되었는데, 이제 능력도 한계에 다다라 벅차다고 느끼시는군요.

당신은 왜 '어느새 서른셋'이 아니라, '이제 겨우 서른셋'이라고 말하지 않는 것입니까? 어려운 수업을 전부 받았는데, 결국 지금까지의 노력이 모두 수포로 돌아갔다는 말을 통해 무엇을 말하고 싶은 겁니까?

당신이 편지에서 열거한 모든 활동들이 이제는 한계를 맞았고, 신부수업과 같은 것들은 모두 필요 없는 것처럼 되어 버렸으며, 지금 당장 자립할 수 있는 능력도 쉽사리 얻을 수 없음을 이제 겨우 알아차렸다고 했습니다. 이런 상황에서 자존감이 아주 높은 당신에게 만족감을 주는 배우자가 나타나지 않을 것 같습니다. 그래도 행복하고자 하는 욕망은 강합니다. 그래서 당신은 제게 어떻게 마음먹어야 일과 결혼이라는 두 마리 토끼를 잡을 수 있는지에 대해 해답을 요구하고 있군요.

나는 이 부분에서도 당신의 완벽주의에 실소를 금치 못한 것입니다.

인용이 좀 길었지만 여기까지가 겨우 전반부다. 우노는 이 뒤에 '당신은 인생을 완벽하게 본인이 원하는 대로 살 수 있다고 생각하는 것은 아닐까요. 아주 조금만 긍정적으로 생각하고, 완벽주의의 틀을 한 단계만이라도 밑으로 내리는 건 어떨까요?' 라고 말했다. 그리고 부드러운 조언을 이어갔다. 상담자의 욕망을 기존의 생각보다 '한 단계 밑'으로 격하시키는 것만으로 인생이 더욱 즐거워진다는 말을 천천히, 그리고 절절하게 설명했다.

이미 눈치 챘는지 모르겠지만, 우노는 질문자의 말을 계속해서 반복하고 있다. '……라고 말해주셨네요.'라는 구절이 회답자에 의해 확실하게, 그리고 집요하게 반복되고 있다. 이 화법은 상담자를 무시하는 것일까. 아니다. 완전히 그 반대다.

제3자에게는 단지 반복으로만 보이는 우노의 대답이 상담자에게는 분명, 무엇과도 바꿀 수 없는 값진 보석이 되었을 것이다. 자신의 생각을 정리해서 전달한 그 대답은 어느 하나 누락되는 일없이 물어본 사람에게 돌아간다. 그리고 질문을 던진 사람은 그녀의 말 한 마디 한 마디를 주의 깊게 확인한다. 즉 대화의 끄트머리는 누군가와 연결되어 있다는 뜻이다. 내 말 뜻을 누군가가 캐치하고 있다는 안도감이 질문자의 마음속 어딘가에 생겨나고 있는 것이다. 우노의 대답은 대부분, 먼저 상담자의 말을 계속해서 반복하고 나서 약간의 거리를 두고 간섭해 가다가 마지막에 이런 모양으로 결론을 내린다.

당신이 우선 평범한 삶을 목표로 연애도 하고, 부디 결혼도 하시길 바랄게요. 그날을 기다리고 있겠습니다. 상담 코너에 제출한 당신의 질문을 그대로 당신께 돌려보냅니다. 자, 우리 둘이 하나가 되어서 이 두려운 마음을 극복할 수 있을지 한번 생각해 봅시다.

타자가 나에게 말을 걸어주고 있다는 감각이 중요하다. 다른 사람이 나의 말을 들어주었다고 실감하는 것이 중요하다. 이것을 실감함으로써, 상담자의 질문이라기보다 상담자의 하소연이 다른 사람에게 확실하게 받아들여졌음을 느끼면서 문제가 절반 이상은 해결되었다고 볼 수 있다. 이 것은 '환자가 입을 열기 시작했다. 그는 형태를 알 수 없는 불안의 실체가 무엇인지 청취자의 가슴을 빌려서 찾아 보고 있다. 확실히 표출할 수 있다면 그것으로 불안은 해결할 수 있는 경우가 많고, 만약 그렇지 않더라도 해결의 실마리 만은 확실하게 찾아내는 것'이다. 앞서 인용한 나카가와 요네조의 문장을 마치 현장 답사하는 것 같은 우노의 '인생상담'이라고 말해도 좋을 것이다.

말이 나를 붙잡다

'말을 받아들인다'는 행위의 의미를 생각할 때, 떠오르는 일화가 또 하나 있다. 나의 친구 중에는 아프리카 남부 칼라하리에 사는 원주민을 연구해 온 인류학자가 한 명 있다. 이름은 스가와라 카즈요시, 그 친구는 칼라하리에서의 8년 연구기간이 실은 장애아의 아버지로서 자신을 받아들이는 시간이었다고 했다. 그런 그가 가장 공들인 연구 주제는 '보디 커뮤니케이션'이다. 그래서 칼라하리에 대해 쓴 첫 책 《신체인류학》에서도 몸짓, 손동작, 상대방의 신체적 특징에 대한 조롱, 혹은 말로 전달하는 것보다 더 확실하게 느낌을 전달하는 합창처럼 보이는 대화 등을 매우 상세하게 분석하고 있다.

투명한 의미 체계로 우리를 지지해 주는 언어는 그와 다른 언어의 기본 형태로서, 즉 신체와 하나로 융합된 언어의 본질을 어떻게 해서든 찾아내지 않으면 안 된다. 그가 조합하고자 하는 과제와 핵심을 스가와라는 책 말미에 넌지시 흘려놓았다. 이 과제가 그와 장남 사이에 매일 반복되는 '난센스 같은 대화'에서 생겨난 것인지도 모른다고.

"있잖아, XX라고 말해 줘!"라고 스가와라의 장남이 말한다. 그러면 아버지는 'XX'라고 앵무새처럼 대답한다. 이

때 'XX'에 들어가는 단어는 수 개월을 주기로 조금씩 변했다고 한다. 네 번째 칼라하리 방문 직전에 부자 사이의 문답은 다음과 같이 변했다.

"있잖아, 치킨의 헬리콥터에 타면 어떻게 돼?"

"그런 곳에 올라타면 바지가 기름투성이가 될 꺼야."

이들은 하루에 수십 번이나 이 대화를 반복했다고 한다. 그리고 그는 장남에게서 나오는 정해진 패턴의 질문을 '쭉 뻗은 나의 팔을 꽉 움켜쥔 아이의 손과 같다.'고 느꼈다. 아이의 말이 그를 붙잡고 있는 것이다. 또 다르게 이야기해 보자면, 수십 음절에 불과한 대화가 두 부자의 몸을 확실하게 이어주는 통로의 역할을 했다는 말이다. 그 친구가 칼리하리에서 연구를 마치고 돌아올 때, 다음과 같이 경험을 이야기했다.

우리 아이는 짜증을 내거나 고약한 행실로 호되게 혼나고, 한바탕 난리친 후에 "있잖아, 내가 오늘 뭐 잘못했어?"라고 스스로 물어올 정도가 되었다. "이런 나쁜 짓을 했죠!"라고 말하며 지금 막 일어난 사건을 정리해 주면, 빙긋 웃으면서 다시 기분이 좋아진다. 아들이 이렇게 자신의 감정을 콘트롤 하는 습관을 익힌 것을 눈앞에서 지켜본 나는 언어의 압도적인 힘에 아연실색하고 만다.

우리는 평소에 '표출할 곳이 없는 분노'라는 말을 자주 쓰곤
한다. 그러나 사람마다 그 분노가 어떤 '이야기'를 부여한다고
생각한다면, 의외로 혼란스러운 감정의 폭풍우가 알맞은 형태
로 질서를 잡아갈 지도 모른다. …(중략)… 예전에 그는 자신
의 머릿속에서 언어를 통해 정리했다. 그러나 여기서 중요한
것은 그 말을 정리한 내용이 다른 사람의 입을 통해서 옮겨졌
다는 사실이다. 부모가 아이의 질문에 적절한 '정리'를 해 주지
않으면, 아이는 자신이 말하고 싶은 문장의 처음 부분만 살짝
이야기하고 그 뒤를 이어서 말하도록 재촉하곤 한다.

그러니까 언어는 신체와 감정의 아날로그적 과정을 분절화
했다고 해서 의미를 지니는 것이 아니다. 신체와 감정의 아날
로그적 과정을 나눴다는 이유만으로 언어가 의미를 지닌다고
한다면, 그의 아들은 독자적으로 자신의 분노를 억누를 수 있
어야 한다. 타자에게서 그를 향해 '뻗어진' 것이 언어가 아들에
게는 관계 개선을 위한 필요조건이 되는 것이다. 언어를 정보
전달을 위한 기호로 조작하는 일에 익숙하지 않은 '자폐아동'
이야말로, 신체와 융합한 언어의 진실이 되고, 마술 같은 힘을
감지하고 필요로 하게 되는 것이 아닐까.

'정리'라는 단어는 아무리 생각해도 정말 좋은 단어다.
이 단어는 다른 말로 표현하자면 '이야기의 공유'라고 해도

좋겠다. 이 '정리'의 교환이 스가와라의 아이를 납득시킨다. '이야기'로써 '정리'하여 아이가 스스로는 이해도, 처리도, 제어도 할 수 없었던 감정을 다른 사람의 형태를 모방하여 자신의 '폭풍우'를 제어해 간다. 그러나 사실 이것은 언어만 으로 '정리'된 것이 아니다.

'이야기'라고 말하는데 이것은 단순한 해석이 아니다. '이 야기'에 의미가 부여된 다음에 살아나는 것이 아니다. '이야 기'가 신체를 가진 언어로써 나 자신과 접하고 있다는 사실 을 나의 몸으로 확인하는 작업이 그 무엇보다도 먼저 요구 된다고 할 수 있다. 그런데 여기서 이야기(언어)가 '신체'를 갖는다는 말은 무엇을 의미할까.

스가와라가 조사한 칼라하리의 그위족은 대화만으로 전 달하고자 하는 의미를 전할 수 없는 경우가 종종 발생한다 고 한다. 그리고 일반적으로는 누군가가 말하고 다른 사람 이 그 말을 들은 다음에 다시 대답하는 형태로, '한 번에 한 명만 이야기하는' 직선적인 과정이 올바르게 보일 것이다. 그런데 칼라하리를 조사한 스가와라는 인간의 대화에서 한 번에 한 명만 이야기하는 직선적인 과정이 반드시 절대적 인 것은 아니라고 한다. 그리고 상대방의 말과 자신의 말이 겹치는 커뮤니케이션이 존재하지 않는지 묻는다.

'동시에 목소리를 내고자 하는 욕구가 있기 때문에 성립되는 커뮤니케이션', 이 커뮤니케이션에서는 대화가 마치 '음악(또는 합창)'과 같이 진행된다. 한 인류학자는 동시발화를 할 때 인간은 '의미'와 '이야기'를 교환하는 것이라기보다 '몸으로 공존하고 있다.'는 감각을 서로에게 불러일으키는 것이 아닌가 자문하기도 했다. '동시발화의 가장 근본적인 동기는 서로에게 협동하면서 하나의 목소리로 무언가를 말하는 것이다. 완전히 같은 단어나 어구가 아름답게 제창될 때, 언어는 어떤 정보를 전달하기 위해 입에서 나오는 것이 아니라 마치 맞닿은 손처럼 동시에 공유하기 위해서 나오는 것' 아닐까.

스가와라는 아들과 끊임없이 같은 말을 반복할 때, 그것을 '쭉 뻗은 나의 팔을 꽉 움켜진 아이의 손'처럼 느꼈다. 그리고 언어의 의미가 함께 '노래'하는 데 있다고 해석했다. 노래를 부르는 일은 내가 다른 누군가에게 어떤 의미와 내용을 지닌 메시지나 정보를 전달하는 행위가 아니다. '나'라는 인칭 안에 갇힌 두 명이 마주하는 것도 아니다. 그것은 나와 당신, 그였던 인칭의 경계를 녹여버리는 형태로, 여러 '삶'의 핵심이 공진되는 현상이라고 말해야 할 것이다. 혹은 현상학자 메를로퐁티의 말을 빌려서 '나보다 더 오래된 나'들이 나와 다른 사람의 몸속에서 공조하는 현상이라고 말해도 좋을 것이다.

파시즘(fascism)이라는 집단적 광기를 쫓는 자와 학대 당하는 자의 비극적인 저항, 혹은 사자(死者)를 위한 제사 의례(경문이나 찬불가)에 있는 내면의 힘, 최후의 용기, 또는 가슴깊이 애도하는 서로의 마음을 엮어 인간은 노래를 부른다. 소리를 울려 퍼뜨린다. 그러나 스가와라 부자에게는 '우리'라는 한마음으로 손을 맞잡고 있는 그 이상의 무언가가 존재했다. '쭉 뻗은 나의 팔을 꽉 움켜진 아이의 손'과 같은 무언가가.

우리는 인칭의 차이를 용해시킨 무인칭의 공통성 속에 자기 자신을 녹이는 것이 아니라, '누구'라는 고유한 존재로 다른 '누군가'에게 접근해 가는 경험을 할 수 있다. 그 속에 존재하는 나나 타자의 대화가 단순히 '대화'로써 동떨어진 것이 아니라 신체에 깊숙이 뿌리내린 채 다른 신체와 접하고 있다. 그리고 나의 존재 자체가 악기처럼 진동하는 것이다. 나와 다른 존재 역시, 나처럼 그 의 몸을 진동하면서 '나'를 두드린다.

청취자, 즉 내가 하는 말을 들을 수 있는 사람은 화자와 친숙한 사람만이 아니다. 가족과 연인, 친구 등에 국한되지 않는다. 반대로 화자와 청취자의 가까운 관계가 '듣기'를 방해하는 경우도 있다. 특히 부부나 부모 자식이란 관계는 듣기의 '가능/불가능'이 양극단으로 나뉘기 쉽다. 그렇다면,

인간이 서로의 의사가 말로 전달되었다고 서로의 신체를 통해 느낄 수 있는 언어의 교환이란 도대체 어떤 상태를 의미하는 것일까. 단 한 명의 '누군가'라도 내 이야기를 들어줬다는 사실만으로 자아를 무너뜨리지 않고 유지할 수 있는 것은 도대체 무엇이라 설명할 수 있는가. 앞서 '말이 신체를 가진다.'는 의미는 '듣기의 힘'에 던진 나의 의문이라고 바꿔 말할 수 있을 것이다.

누가 들어주는 것인가

'만난다는 것', 앞서 다루었던 레잉의 이야기를 떠올려 보자. 간호사 한 명이 어떤 만성 정신분열증 환자에게 차 한 잔을 대접했을 때, "누군가가 나에게 차 한 잔을 대접해 준 것은 살면서 이번이 처음입니다."라고 중얼거렸던 환자의 이야기를 레잉은 다음과 같이 분석했다.

어떤 사람이 자신에게 차 한 잔을 대접해 주는 것은 나의 이목을 끌기 위함인지도 모른다. 나를 자신의 아군으로 끌어들이기 위함인지도 모른다. 친절을 베풀고 나중에 무언가 끈질기게 부탁하는 찰거머리 같은 사람일지도 모른다. 혹은 나에게 본인의 다기와 찻주전자를 자랑하기 위해서일지도 모른다. 그러나 그 환자가 누군가에게 차를 대접받는 일이 처음이라고 느낀 이유는 다른 사람이 원해서나 업무적으로 하는 일도 아니며, 다기를 자랑하기 위해서도 아니어서다. '누군가를 위해', '무언가를 위해'라는 의식 없이 어떤 사람에게 차를 대접받았다고 느꼈던 일이 처음이었다고 해석했다.

타자와의 관계에서 대화가 없는 상태에서도 얻을 수 있는 만족감은 대화를 통해 얻을 수 있는 만족감과 크게 다르지 않다. 앞에 나온 스가와라가 아들과 '난센스 같은 대화'를 무한하게 반복함으로써 겨우 이어갈 수 있었던 '인연' 역시 그러하다. 언어의 부재와 '난센스' 같은 언어의 교환이라는 표면상의 차이에도 불구하고 대화를 통해 얻을 수 있는 만족감과 크게 다르지 않은 것처럼 말이다.

애초에 대체할 수 없는 '나'만의 특성, 혹은 단독성이란 무엇을 가리키는 말인가. 그것도 자기 자신을 인식하는 것이 아니라 다른 누군가에게 특이한 사람으로 인식되는 것의 의미는 어디에서 찾을 수 있는가.

'나 자신'이라고 말할 때의 '나'라는 존재가 가지는 특성은 어디에서 유래되었는가는 상당히 복잡한 문제다. 왜냐하면 '나 자신'이라고 말할 때의 '자신'은 그 '자신'의 특성을 부정하는 것으로만 존재할 수 없기 때문이다. 이것은 확실히 역설적인 형태이지만, 어려운 문제는 아니다. 우리는 '자신'이라는 말에서 나만이 소유한 고유한 성질을 상정한다. 그렇다고는 해도 애초에 내가 '자신'이라고 말할 수 있는 것은 '자신'이란 단어의 사용법이 이미 '자신'만을 가리키는 말이 아님을 이해하고 있는 상태를 전제하고 있다. 즉, 내가 '자신'이라는 단어로 가리키는 대상이 당신에게는 '당신'이며, 당신이 '자신'이라고 사용할 때는 그 대상이 나에게는 '당신'이라고 하는 호환성을 전제하고 있다는 의미다.

'자신'은 '자신만'의 부정을 포함하면서부터 처음으로 사용할 수 있게 되는 단어다. 사람이 '자신'이라고 말할 때는 이미 '자신'을 입에 담을 가능성이 있는 모든 사람이란 존재를 염두해 두고 있는 것이다. 이에 한해서 '자신'의 선언, '자신'의 특성을 주장하는 것에는 어디까지나 '자신만'의 이름이 되는 역설이 포함된다.

'자신의 선언에는 구조적으로 나의 죽음이 필연적이다.' 데리다(Jacques Derrida, 1930~2004)는 이렇게 독자를 얼어붙게 만드는 문장으로 위와 같은 사태를 정리했다. 그는 또 말했다. '자신'이란 단어로 시작되는 언명에서 이 '자신'이 단수(특이한)로써 존재하고 있음은, 언명이 만들어 낸 의미 작용에서는 사실 어떻게 되어도 좋은 하찮은 것에 불과하다고. '나는 이렇게 생각한다.'는 문장은 말하는 주체가 내가 되든, 친구가 되든 상관없이 문장의 의미는 바뀌지 않는다. '나는 글을 쓴다.'고 하는 문장에서 '내'가 '나'라고 하는, 누군가 어떤 특정한 개인에게 고유하게 있는 것이 아닌 성질을, 즉 보편성(비-특이성)을 전제하고 있다. 이것을 바꿔 말하면, '나는'이라고 쓸 때마다 '나 자신'은 죽어가고 있다는 것이다.

그러니까 스스로를 언명의 주체로 하는, 자기 자신과 완전히 동일한 것으로 확정된 '나 자신'은 사실 묘비명과 같은 것이다. 레잉은 '누군가'의 인격과 동일성을 갖는다는 것(정체성)은 '자신이 어떤 사람인가를 스스로 언어로 표현하는 스토리'라고 말했다. 이 말을 빗대어 표현하자면, 동일한 것으로서 '나 자신'이란 통상적으로 나중에 기억에 의존하여 쓰는 자서전(자신의 생애에 관한 기술)이 아니라 자신의 죽음을 기록하는 것이다. 이런 의미에서 '나'라는 존재에 '나 자신'은 언제나 뒤처질 수밖에 없다.

이전에 나도 '나라고 하는 토포스(topos, 그리스어로 장소, 위상(位相)을 나타내는 말로 상용되고 있는 주제나 표현을 의미함)'를 주제로 같은 문제를 다룬 적이 있다. 주의해야 할 점은 죽음의 형상에서 논하는 '나'는 시간의 흐름과 관계없이 항상 동일한 존재로 있다는 의미로서의 '나'다. 이것을 자타가 똑같이 현재를 공유하면서 대면하고 있는 장면에서 본다면 또 다른 이야기가 전개될 수밖에 없다. 내가 누군가와 접해 있고, 누군가 나를 보고 있으며, 누군가 나에게 말을 건네는 등의 현실적인 체험 속에서 타자의 움직임에 반응하는 대상으로 자신을 느끼기 시작한다. 바꿔 말하면 '타자와의 타자'인 자신을 체험하면서 처음으로 자신의 존재를 인정받았다는 차원의 감정이 '나'에게 생겨난다. 이때 '나'의 고유함은 스스로가 부여할 수 있는 것이 아니라 '타자에 의해 발견되는 것'이다. '누군가'로서 타자에 의해 불려질 때, 거기에 응하면서 '나'의 특성이 생겨난다. 타자의 움직임이 먼저 있어야 거기에 '내'가 생겨난다는 말이다.

탄생과 죽음 사이에서 개별적인 '내'가 생겨나고 사라진다. 또 다른 한편으로 내가 잠을 잔다거나 의식이 없는 등 '나'로써 자기 자신을 의식하지 않을 때도 타자에게 혹은 어떤 공통적인 제도 안에서(나에게는 죽어간다는 것) 내가 '나'라는 사실적 존재를 갖고 있다는 사실 역시 흔한 일로 여겨지기 때문이다.

그러나 태어남과 죽음의 교차는 '나'에 의해 지시된 '나'와 언명의 주어로서 '나'와의 차이를 은폐하면서 결국 그것 자체를 뛰어넘는 형태로 나타나기도 한다. 그리고 이것을 절대로 간과해서는 안 된다. 나가이는 이 두 가지의 차이를 숨기는 것, 즉 '근소한 차이를 의식하면서도 배제하는 것이 곧 말한 주체의 의도를 이해하기 위한 성립조건이 된다. 즉 대화에서 자연스러운 지당함의 성립 조건이 된다.'고 앞서 인용한 논문 〈정신분열증 환자의 자타 구별 의식에 대하여〉에서 지적하고 있다.

이 둘의 차이를 은폐해야만, '나'나 '우리'라는 단어를 말로 표현할 수 있다. '나'와 '우리' 안에서 '나'는 병합되어 버리거나 병합'된' 존재여야만 '나'라는 존재를 처음으로 의식할 수 있다. 그 전에는 아무리 '나'라고 말한들 '나'의 개별성은 실감할 수 없다. 그 차이를 막연하게나마 의식했을 때, 비로소 스스로에게 나는 누구인가 물을 수 있다. 이것은 그 차이를 의식하거나, 혹은 의식하지 않고도 '나는 누구인가?'를 물을 수 있다는 이야기다. 임상적인 장소에서 청취자로써 다른 사람에게 비춰지고, 다른 사람을 맞이할 수 있는 것은 화자만이 아니라 청취자 역시 이런 레벨에 있을 때의 이야기다. 청취자는 임상적인 장소에서 '우리'의 대표로써, 그리고 '우리' 가운데 한 명으로써 화자 앞에 서 있는 것은 아니다.

덧붙여 말하자면, 대화를 할 때 각각의 다른 사람을 일반적인 타자로밖에 체험할 수 없을 때는 모든 타자들과 똑같이 접할 수밖에 없다. 혹은 타자가 또 다른 타자로 변했다고밖에 생각할 수 없다. 그리고 나의 대화 상대가 나 자신의 대화 상대가 맞다고 실감할 수도 없다. 이때 다른 사람이나 사고 대상과의 관계에서 발생하는 장애들도 이런 사정에서 발생하는 듯하다. 나가이는 이렇게 타자, 혹은 대상과 관계를 맺을 때 생기는 장애물들을 파악하여 '타자 개별이나 타자 누구에 관심이 없는 것은 개지와 미지를 무차별적으로 보는 단계에 이른 것'이라고 해석한다.

또 한 가지, '내'가 가지는 고유함을 둘러싼 두 가지 전통적인 개념은 서양사상사에서 나온 '고유함'의 개념 중 두 가지 문맥에 대응하고 있다는 사실도 여기에 덧붙여 설명하고자 한다. 한 가지 전통적 개념은 '나'라고 하는 존재의 고유함을 자기 자신과(다른 어떤 것도 개입하는 일 없이) 직접적인 관계를 성립함으로써 확증하려고 하는 것이다. 이는 자신의 고유함을 본인 눈앞에 직접 존재한다고 하는 자기 근원적인 '가까움' 안에서 찾는 사고법이다.

데카르트의 '나는 생각한다. 고로 존재한다.'는 이 같은 명제가 변형된 모습이라고 할 수 있겠다. 또 하나의 전통적 개념은 누군가에게 불려온 대상으로써 자기의 고유함을 확증하려고 한다는 것이다. 그곳에 '내'가 존재하고 있음은 내가 누군가의 앞에 소환(call)되었다는 의미로 해석될 수 있다. 본인이 여기에 살아있다는 사실이 사명(calling, 직업보다는 천직에 가까운 의미)과 책임(responsibility, 자의적으로는 부름에 응답할 수 있다, 책임질 용의가 있다는 의미)의 논리적, 종교적인 감각과 함께 의식되고 있다.

환대에 관해

서양에서는 타자를 맞이하는 것을 '환대(hospitality)'라는 단어로 표현한다. 호텔(hotel), 병원(hospital), 호스피스(hospice), 그리고 호스트(host)와 호스티스(hostess)가 모두 같은 어원이다. 즉, 라틴어로 손님을 의미하는 'hospes'는 손님으로 맞아들인다, 환대한다는 의미의 동사 'hospitare'에서 유래한 단어다. 참고로 hospitare를 영역하면 'receive as a guest', 즉 손님으로 받아들이다, 접대한다는 의미다. 따라서 환영 행사나 호텔 프런트란 의미의 reception도 역시 환대의 한 가지 형태라 말할 수 있다.

넓은 의미의 '환대'를 직업으로 가진 사람이 많다. 의사, 간호사, 가사 도우미, 카운슬러, 사회복지사 등 무수히 많다. 뿐만 아니라 호텔 직원과 여행사 직원, 식품업 종사자, 이발사, 접객업에 종사하는 사람들, 이외에도 모든 서비스업에 몸담은 사람이라면 대부분이 여기에 속한다.

그런데 이 무수히 많은 사람들 가운데 누가 '임상'이라 불리는 장소에 등장하는 사람일까. 임상과 비–임상은 '직업'으로 분류되지 않는다. 설령 접객에 도가 튼 바텐더나 음식점 주인, 시민의 안전을 책임지는 경찰관, 채소와 생선을 파는 상점가의 상인도 모두 사람을 대하는 일이 직업 아닌가. 이들도 물론 '임상'에 관여하는 경우가 있다. 본인이 다른 사람에게 관심이 있든, 없든 타인의 이야기를 들어주는 경우, 혹은 공사를 불문하고 상담을 받는 경우, 바로 '임상'이 되는 것이다. 즉, 사회의 베드사이드(Bedside)가 되는 것이다.

똑같이 타자와 연관되는 장면이 때로는 임상이 되고, 때로는 비–임상으로 간주되는 것은 무엇을 기준으로 나뉘는 것일까. 이것은 아마도 직업으로써 환대하는 역할을 넘어서서, 자타가 '환대'를 유지할 수 있는 관계에 속하는가, 아닌가와 관련되어 있다. 결국 익명성 있는 관계인가, 아닌가 혹은 누군가에게 특정한 '누구'로서 환대하는 관계 안으로 들어가는가, 아닌가의 이야기다.

이 둘이 차이는 미묘하다. 예를 들어, 누군가를 돌보는 일을 전문으로 하는 간호사라도, 환자와 간호사라는 역할을 넘어서 돌본다는 것은 사실상 불가능하다. 그는 환자를 돌보는 일이 '직업'이지만, 만약 그 환자가 의식을 잃어버린 상태가 된다면 그 환자를 부를 때 자동적으로 '~씨'에서 '할

아버지'와 같은 일반적인 호칭으로 부르곤 한다.

또 특정한 '누군가'인 어떤 사람의 말을 받아들이는 것도 자신의 내면에 저장해 두는 일과는 별도의 문제다. 그리고 앞서 소개한 나의 지인이자 정신과 의사는 다른 사람을 나의 내면으로 받아들일 때는 반드시 접합점이 필요하다고 말했다. 즉, 다른 사람이 말하는 모든 말들을 전부 받아들이면 청취자는 견뎌낼 수가 없다.

그리고 더 중요한 것은 다른 사람의 말을 전부 확실히 받아들이려고 한다면, 그것이 오히려 화자에게 반사되어 악영향을 끼치기도 한다. 타인을 맞아들이는 것은 종종 추문적인 사건이 되는 경우가 생긴다. 복수로 된 어느 안정된 관계 속에서 이물질이 섞여 들어가면서 관계의 배치가 구조적으로 변용되어 버리기 때문이다. 예를 들어, 르네 쉐러 (René Schérer, 1922~)는 '환대'의 개념이 축소된 근·현대사회에서는 손님이 종종 불법침입자가 된다고 말한다.

전통사회에서의 가정은 다양한 입구를 열어 두고 크고 수용적인 구조를 이루는데 반해, 뒤 이어 등장한 근현대적인 가정에서 hospaitality는 친밀한 공간, 하나의 '내부'로 난입하는 불법 침입에 지나지 않는다. 그래서 19세기에는 '진보'라는 이름하에서 오히려 전근대적이고 폐쇄적인 가정을 만들고 보호하는데 열중해 왔다. hospaitality를 이해하려면 이렇게 사회의 세포를 이루는 가족 구조와 단절해야만 한다.

르네 쉐러, 《환대 신예찬(Zeus hospitalier. Éloge de l'hospitalité)》

쉐러에 따르면, 환대란 '손님'으로 맞이하는 사람을 그 동일성에서 빼내는 것이다. 바꿔 말하면, 환대가 '사회적 분류 안에서 범주화된' 자아를 무너뜨리는 계기가 된다. 다른 사람을 맞이하는 것, 그것은 다른 사람을 '우리'의 범주 안에 병합하는 것이 아니다. 즉, 타자를 소유하는 것이 아니다. 그것은 오히려 자기 자신을 내미는 행위이며, 이런 의미에서 타자와의 이해타산을 재지 않는 관계에서 의미를 결정한다. 그래서 '내'가 자타의 관계의 의미를 결정하는 것이 아니라 타자와의 관계 속에서 자아가 상처받아도 상관 없다고 여기며 스스로를 그 속에 끼워 넣는 것이다. 자기 스스로를 상처받기 쉬운 위치로 옮겨두는 것이다. 타자를 맞아들이는 것은 그 자체가 이미 자기 자신의 이해를 넘어서 맞아들이는 것이다.

타자를 환대할 때 타자의 경험을 마치 본인의 일처럼 수용하고 이해하는 상태(Aneignungdes Fremden, 타자와 동화)가 되는 것은, 동시에 본인이 자기 자신과 서먹서먹해지는 상태(Fremdwerden Des Eigenen)가 되지 않으면, 아마도 '환대'라는 이름에 맞지 않을 것이다. 메를로퐁티가 이야기한 '절대적 고체로서 밀도를 손에 넣는 일을 방해하는 내적인 유약함'은 때때로 자기 방어를 위해 과잉되게 다른 사람을 배제하는 경향을 부채질하곤 한다.

하지만 그 약함이야말로 오히려 타자를 '손님'으로 여기는 성격을 지닌다. 예를 들어, 대인기피증으로 고생하는 사람이 오히려 다른 사람들과 바짝 밀착하고 있는 군중 안에 들어가면서 대인기피증에서 해방되는 경우가 있다. 이처럼 본인의 틀에 갇혀서 이것이 언제 붕괴될까 불안감을 갖고 있는 사람이 오히려 그 틀을 깸으로써 불안에서 벗어난다는 이야기다.

이처럼 '듣기'란, 다른 사람을 지탱해 주는 것만이 아니라 자기 자신을 바꾸는 계기와 원동력이 된다. 쉐러는 같은 책에서 파솔리니(Dier Pasolini, 1922~1975)의 영화 〈테오레마(Theorema)〉(1968)에 관련하여 미셸 세르가 언급한 내용을 인용했다.

거절하는 것도 절대로 먼저 나서면 안 됩니다. 나는 조국과 가족이 서로 닮았고, 상응한다고 생각합니다. 〈테오레마〉에 나오는 손님의 중요한 계시는, 아버지는 결국 양자를 들여야만 부모가 될 수 있었던 것 아닙니까? 가족도 조국도 모두가

'밖에서' 오는 것입니다. 그렇기 때문에 여기가 '나의 장소'라고 말할 수 있는 겁니다. '이방인' 따위는 어디에도 존재하지 않습니다. 아니, 우리 모두가 이방인입니다. '이곳'이란 '도처'를 가리키는 말입니다. 어디에나 있는 그곳이 '여기'입니다. 그러니까, 그래서 침입자에게 만세를! 바라건대 손님들의 시대가 오지 않기를! 환대하는 자와 환대받는 자의 구별이 없는 시대, 누구도 자신을 손님의 손님이라고 말할 수 있는 시대가 오지 않기를!

여기서 우리는 '임상'의 규정을 어떤 타자의 앞에 나를 갖다두면서 그 환대를 주고받는 관계 안에서 나의 자아 역시 변해가는 경험의 한 장면이란 형태라고, 하나 더 추가할 수 있게 된다.

5

고통의
고통

다른 사람의 고통에 대한 고통,
다른 사람의 비극과 그 절박함을 느낄 수밖에 없는 상태가
레비나스가 말한 '상처받기 쉬움'의 정의다.
아마도 시간이 흐르면 다른 사람의 상처를 보고도 눈을 돌리는 일,
보고도 못 본척하는 일이 생길 수도 있겠지만, 이런 선택 이전에
나는 이미 다른 사람의 상처에 고통을 느끼게 된다.

우리는 모두 이방인

이 책에서는 '임상'을 제일 먼저 인간이 특정한 누군가로써 다른 누군가와 만나는 장면으로 규정했다. 여기에 자기 자신 역시 변화되어 가는 경험의 장면을 추가했다. 이제는 이 두 개의 규정을 또 하나의 기초 규정, 즉 '고통의 장소'라는 규정과 결부하여 생각해 보겠다.

자 여기 루소, 베케트, 아폴리네르, 칸딘스키, 반 고흐, 자코메티, 샤갈, 피카소, 쇼팽, 스트라빈스키, 레비나스, 졸라, 나보코프, 곰브로비치, 릴케 등의 리스트가 있다. 보통 사람들은 이들의 이름 리스트를 보고 무엇을 떠올릴까.

런던에서 열린 제1회 국제박람회 의상제작 부분에 프랑

스를 대표하여 파견된 외제니 황후의 디자이너이자 파리 '오트쿠튀르의 독재자'라는 별명으로 유명했던 영국인 디자이너 찰스 워스(Charles Frederick Worth, 1825~1895), 전후 프랑스를 대표하는 가수 이브 몽탕(Yves Montand, 1921~1991)의 이름도 이 리스트 뒤쪽에 덧붙일 수 있겠다.

르네 쉐러는 저 목록에서 워스를 제외한 이들을 '이방인에서 손님이 된 사람들'로 엮어가고 있다. 르네 쉐러는 앞에서 '환대'의 개념을 둘러싸고 몇 차례 의견을 참조했던 그 쉐러다. 그는 《환대의 신예찬》의 서두에 이 이름들을 열거한 후, 환대론의 목적에 대하여 다음과 같이 이야기한다.

> 그들 모두는 낯선 땅의 손님으로, 그곳에서 본인의 작품을 전부, 혹은 일부를 선보였다. 플라톤은 디오니소스가 깃든 남부 이탈리아 시라쿠사의 '손님'이었고, 아리스토텔레스는 알렉산드로스 대왕의 손님이었다. 그리고 데카르트는 네덜란드의 손님이었고, 지오르다노 브루노나 파라케르스는 유럽 전역의 손님이었다. 고대 스토아학파 사람들은 전 세계를 단 하나의 조국으로 생각하고 세계시민을 표방했다.
>
> 불과 얼마 전까지만 해도 프랑스가 이탈리아인을 재상으로 받아들이고 스위스인에게 국가의 중책을 맡긴다는 것은 상상

할 수도 없었다. 로마황제 중에는 이탈리아 출신이 그리 많지 않다. 로마제국 말기의 황제들은 그 땅에 체제하고 있던 외국인이었다.

더욱이 1968년에 프랑스에서 일어난 5월혁명은 어떤 '미심쩍음'이 항상 따라다녔다. 프랑스인이 아니라 '독일계 유대인'이 부추겨서 5월혁명이 발생했다고 수군거렸기 때문이다.

외국인에 대한 배척은 틀림없이 현대적인 현상이다. 오늘날에는 단지 개성 없는 캐리커처에 만족하는 여러 나라의 왕실들만이 자녀의 결혼과 관련한 환대 의식을 지키고 있으며, 〈주르 드 프랑스〉라는 잡지를 장식하게 되었다. 그렇게 '환대'는 사라져 버렸다. …(중략)… 현대 사회에서 환대란 광기 어린 사건, 우연한 만남을 의미하지 않을까? 현재 프랑스에서, 또 전 세계의 모든 나라에서 사람들의 머릿속을 점령한 것은 비호권에서 국적법까지 모든 형태로 환대를 제한하는 것이다.

르네 쉐러, 《환대의 신예찬》

아이스킬로스와 호메로스, 혹은 칸트나 플라톤, 플로베르, 푸리에, 클로소스키, 피에르 자네, 파솔리니 등을 주제로 이야기를 꺼낸 쉐러의 '환대'론은 난민이나 망명객, 외국인 노동자, 걸인 등의 다양한 '손님'이 넘쳐났던 동서양 메갈로폴리스(Megalopolis)의 현실을 생각할 때 매우 자극적이다. 하지만 여기서는 이 문제를 논하고자 하지는 않는다. 다만, 왜 인간은 손님(우리와 이질성을 가진 타자)을 배제하게 되었을까. 쉐러는 이렇게 현대사회가 손님을 배제하고자 하는 성질을 가진다는 판단 하에서 '환대'의 어떤 면을 소생시키고자 하고 있는가. 이 점에 초점을 맞추고 그의 '환대'론을 다루면서 우리의 '임상'론과도 연결해 보려고 한다.

자, 여기서 말하는 환대라는 것은 다른 사람을 손님으로서 맞아들이는 행위, 손님으로서 후대하는 행위를 가리킨다. 그리고 여기서 쉐러가 강조하고 있는 것은 다른 사람을 맞이하는 일이 다른 사람을 '우리'의 일원으로 '우리' 안에 병합하는 것은 아니라는 점이다. 환대란 '손님'을 맞이하는 사람을 그 동일성에서 탈피시켜 주는 행위다. 다시 말해 '사회적 분류 안에서 범주화된' 자아를 뒤흔들어 무너뜨리는 계기이기도 하다.

주인은 손님을 자신의 집에서 맞이한다. 그리고 주인의 장소에 그 손님을 붙잡아둔다. 여러 문화권에서 가족이나 재산을 손님에게 주는 풍습이 발견되었던 것도 그곳에서는 손님이 주인으로 탈바꿈하기 때문이다. 이때 본래의 주인은 손님의 손님이 된다. 손님의 손님으로서 손님과 마주하게 된다. 여기에 원래는 손님이나 생면부지의 사람을 의미하는 라틴어 명사 'hospes'가 소주인을 뜻하는 말로 전환된 사실 등에 본질적인 이유가 있을지도 모른다. 이때 환대하는 사람이 환대받는 사람으로 전환된다. 손님을 맞이하는 주인이 환대받는 손님으로 바뀐다. 타자가 타자로 머물러 있는 한, 집에 손님으로서 타자를 들이는 행위가 스스로를 타자의 타자로 전환됨을 의미한다. 이에 따라 나는 타자에게 받아들여지는 손님이 된다. 내가 타자로 전환된다는 것은 주인이 된 손님에게 환대받는 손님으로 스스로를 몰아가는 것이다.

그렇다면 그 이유는 무언가. 쉐러는 '모두가 타지에서 오기 때문', '우리가 모두 이방인이기 때문이다.' 라고 답한다. 쉐러는 우리가 다른 사람의 타자로서 인정받는 일이 내가 '나'로 있을 수 있는 조건이 된다는 앞서의 논점을 재확인한 것이다.

상처받기 쉽다는 것

환대, 손님을 크게 접대함. 이것은 정신적으로, 혹은 물질적으로 맞이할 여유가 있어서 하는 행위가 아니다. 또 다른 누군가에게 호의를 갖고 있어서 하는 행위도 아니다. 그것은 여유가 있는가, 아닌가 이전의 문제이며 할 것인가 말

것인가에 관한 선택의 문제다.

hospitality를 '대접'이라고 번역하면, 우리가 현재 사용하는 번역의 어감보다는 자연스러운 감탄사가 나온다. 하지만 hospitality는 독일어 'gastfreundlich'와 같이 대접하려는 마음은 담겨있지 않다. 그것은 오히려 대단히 제한적인 의미로, '상처받기 쉬움(vulnerability)'이란 말로 사용되는 단어와 오히려 연결된다.

왜 '접대'가 '상처받기 쉬움'이란 개념과 연결될까. 이것은 매우 중요한 문제이다. 여기에서는 '상서받기 쉬움'이란 개념이 왜 hospitality의 문제에 접촉되지 않으면 안 되는가에 초점을 맞추고, 프랑스의 철학자 엠마누엘 레비나스(Emmanuel Levinas, 1905~1995)가 이 개념을 '고통의 고통'이라 한정시킨 이유를 생각하려 한다. 레비나스는 그의 책 《우리 사이에서(entre nous)》에서 우리들을 불시에 기습하는 고통에 대해 이렇게 논했다.

괴로움에 고통 받는 것, 나에게는 무의미한 다른 사람의 괴로움. 다른 사람을 덮친 부당한(injustifiable) 괴로움을 보고 내가 느끼는, 그 일리 있는 고통 때문에 다른 사람에게 눈을 돌리게 된다. 이와 같은 관점에서 다른 사람이 느끼는 고통과 나의 고통은 근본적으로 구별된다. 전자의 괴로움은 나에게 허용되지 않는 것으로, 나에게 호소한다. 반면, 후자의 고통은 맨 처음 조성되면서부터 본래 무의미했던 고통이 의미를 얻는, 개인 고유의 모험이다. 누군가가 다른 사람의 고통을 자신의 고통으로 받아들여서 본인만의 고유한 고통으로 만드는 것이다.

엠마누엘 레비나스, 《우리 사이에서》

괴로움이란 그것이 속죄될 리가 없는 한, 또는 보다 깊은 치유를 받기 위한 계기가 될 수 없는 한 불합리한 것이다. 무익하고 무의미한 것이다. 우리는 다른 사람의 고통을 용서하기 어려운 것, 인정받기 어려운 것으로 치부한다. 한편, 다른 사람의 괴로움을 자신의 것으로 받아들여 나를 괴롭히는 고통은 다른 의미에서도 (즉, 내가 그 일로 인해 괴롭지 않다는 의미에서도) 불합리하게 느껴진다. 그렇지만 다른 사람의 고통과 연결된 일(다른 사람의 고통을 느끼지 않는다고는 말할 수 없는 일)이라는 의미다. 이때 '나'라는 존재는 자신의 괴로움과는 '반하더라도' 다른 사람의 괴로움을 느끼고 고통스러워하기 때문이다. 여기서 '반하더라도'란 나에게 무익한 괴로움이란 의미다. 레비나스는 이 '무관심하다고 말할 수 없는 일(non-indifférence)이 나의 무익한 괴로움'이라고 생각했다.

바꿔 말하면, 만약 타자의 괴로움과 관계가 없다면 나의 괴로움은 어디까지나 그것이 사라지기만 바라는 무익한 무언가에 지나지 않는 것이다. 그리고 의미도 결여된다. 타자의 괴로움과 비참함을 느끼지 못한다는 말을 '무관심'이라고 말할 수 없는 이유는 '관심(interest)'이라 불리는 이해관계 외에, 이런 '상호관계 이외의 일' 때문이다.

상처받은 '얼굴'과 마주했을 때, 나는 이미 상대방의 부름과 연결 짓는다. 혹은 그것을 맞아들이는 이유가 된다. 그리고 마치 타자의 괴로움의 수용자로써 자신을 인식하는가 아닌가 하는 반성은, 바꿔 말해 손을 내밀까 말까와 같이 고통을 나눌까 말까하는 선택이다. 그래서 상처받는 얼굴과 접촉하고 나서 따라오는 것이다. 다른 사람의 괴로움, 이것이 일단 나와 연결된 후에 그 상처와 괴로움이, 혹은 망연자실, 방심, 피곤함, 포기, 단념 등이 마치 블랙홀처럼 나의 눈길을 끌어가는 것이다.

타자의 괴로움에 의해 상처받는 일, 그것에 노출되어 있는 상태, 이 '상처받기 쉬움'에 대한 레비나스의 의견에 대해 이나토미치 타카시는 다음과 같이 주석을 달았다.

가상성(可傷性)이란 '아무것도 아닌' 고통 속에서 타인에게 노출되고, 그 타인에게서 폭력에 당하고, 타인에 의해 상처받을 수 있다.'는 가능성을 말한다. 이미 살펴본 바와 같이, 타자는 '나'의 죽음의 장소에 나타나 나를 협박하고, 나를 상처 입히며, 나를 죽일 수 있는 사람이다. 가상성은 부정할 수 없는 이 가능성을 확인해 준다. 그러나 가상성이라는 개념은 위와 같은 제1의 의미에 한정되지 않는다. 그것은 타자의 비극, 타자의 고통에 노출되어 있는 상태이기도 하다.

레비나스의 새로운 해석의 골자는 여기에 있다. 타자에게 무방비로 노출된 상태, 즉 타자의 폭력에 의해 상처받을 뿐만 아니라 '타자가 받은 상처'에 의해, '타자의 괴로움'에 의해, '타자의 죽음'에 의해 자신도 상처를 받는다는 것이다.

이렇게 '나'라는 사람은 '다른 사람의 비참함 때문에 상처받기 쉬운(vulnérable)' 존재다. 가상성은 확실하게 일어날 가능성이 존재한다. 그러나 그것은 능력이 아니다. 타자의 고통을 느끼는 것은 '자아'의 자유로운 주도권에 의존하지 않기 때문이다. 게다가 '나'는 타자의 비극 앞에서 극한에 도달하면 괴로움을 느낄 수도 있고, 느끼지 못할 수도 있을 것이다.

이나토미치 타카시, 《레비나스―법―다른 사상》

타자의 고통에 대한 고통, 타자의 비극과 그 절박함을 느낄 수밖에 없는 상태가 레비나스가 말한 '상처받기 쉬움'의 정의다. 아마도 시간이 흐르면 타자의 상처를 보고도 눈을 돌리는 일, 보고도 못 본 척하는 일이 생길 수도 있겠지만, 이렇게 외면을 선택하기 이전에 나는 이미 타자의 상처에 함께 고통을 느끼게 된다. 왜냐하면 이런 선택에 앞선 응답(réponse)이 타자의 괴로움에 의해 고통을 느끼는 나의 '상처받기 쉬운' 성질 안에, '책임(responsabilité)'이라는 근원적 형태로 존재하기 때문이다. 여기서 레비나스 본인의 경험을 인용하겠다.

상처받기 쉬움, 이것은 타자에 의한 강박관념이며 타자의 접근을 의미하기도 한다. 이것은 '으로'의 배후에 있는 자극요인이 '타자를 위한다.'는 성질을 갖고 있다. 타자의 표상에든, 접근성의 의식에든 환원되지 않는 접근이다. 이는 타자에 의해 괴로운 것, 타자를 책임지고 지탱하며, 대신 고통을 받는 상태다. 즉 타자 때문에 쇠약해짐을 의미한다.

성찰하는 태도로써 타자에 대해 느끼는 모든 사랑이나 증오의 감정은 이에 앞선 상처받기 쉬움, 즉 '오장육부에서 비롯되는 신음소리'를 가정하고 있다. 타자의 상처를 공감하는 감수성의 유무와 관계없이, 주체는 '타자를 위한 것'이다. 다른 말로 표현하면 타자 대신에 고통 받기, 책임지기, 보상하기라고 할 수 있다. 그러나 이것은 어느 순간이나 어떤 현재에도 내가 받아들일 이유가 없는 책임과도 같다. 나의 자유 이전에 존재하는 이 규명 행위, 이 같은 개방 이상의 수동적인 행위도 없다고 볼 수 있다.

임마누엘 레비나스, 《타자의 휴머니즘》

위에서 말하는 바와 같이 '타자를 규명하는 행위와 떨어질 수 없는 상태'라는 의미에서 볼 때 수동성, 혹은 수용성이야말로 환대의 핵심이다. 타자의 고통에 대처하려고 하는 것 자체가 이미 타자의 절박함을 느끼는 것과 다름없다.

'의식에 앞선 강박의 관계에 이미 근거한 것에 한해서 의식이 등장할 수 있다……. 강박을 폐기하는 작업은 어떤 의식이라도 할 수 없다. 오히려 의식 쪽이 강박의 하나가 변형된 형태인 것이다.' 나는 이미 타자의 절박함에 응한 상태이고, 이와 상대적인 거리는 다른 타자와의 접촉이 끊어진 뒤에 생겨나는 것이다. 타자의 절박함과 연결된 상태로 그것을 잊어버리는 일, 타자의의 절박함에 대한 판단을 유보하는 일은 그것만으로 이미 다른 사람에게 폭력을 휘두르는 일이기 때문이다.

나는 동요하고 있다. 손님의 손님이 되어 '우리 집'에서 쫓겨난다. 나는 여기에서 바깥세상으로 이른바 '노출'되는 것이다. 이것이 바로 '매개자 없는 접촉'이라는 사건이다. 사람들의 결합은 종종 '함께(프랑스어의 avec과 독일어의 mit)'라는 단어로 표현되었다. 그러나 이와 같이 무언가 공유하는 형태로 실현되는, 또 공통된 무언가를 나누는 형태로 달성되는 결합은 누군가와 누군가의 관계, 복수의 주체 사이에서는 있을지 모르겠지만, 그것을 '타자와의 관계'라고는 볼 수 없다고 레비나스는 주장한다. 타자와의 관계는 결국 융합(fusion)의 관계가 아니며, 자기와 다른 사람과의 부등성은 '우리를 숫자로 셀 수 있는 제3의 인물에게는 나타나지 않는 부등성'이다. 자아와 타자를 내려다보는 것 같은 제3의 시선에 의해 가능하게 된 '자타의 결합'이 반드시 타자와의 관계를 의미하지는 않는다. 레비나스는 이에 대해 다음과 같이 엄격한 말투로 기록했다.

> 정치에서, 인류는 오로지 그 작품에 근거해서 이해한다. 교환 가능한 인간, 상호적인 인간관계가 인류라는 형태를 만들어가기 때문이다. 인간을 교환하는 일은, 근원적으로 불경스러운(ir-respect) 일인데, 이 교환 때문에 착취도 가능해진다.
>
> 엠마누엘 레비나스, 《전체성과 무한》

타인과의 관계는 대칭적인 관계를 구성하지 않는다. 자신과 타인이 동등한, 그리고 교환 가능한 상호적 존재로 보일 때, 이와 같은 시선은 애당초 타인의 괴로움에 노출된 나의 살갗을, 그 수동성을, 그 '상처받기 쉬운 성질'을 뒤덮게 된다.

괴로움을 잃다

'괴로움의 괴로움', 레비나스가 말한 이 고통은 사람이 겪고
자 해서 겪는 고통이 아니다. 타자와의 접촉은 '의식'에 앞
서 생겨나며, '의식 자체가 강박의 또 다른 변형'이라고 할
수 있다. 또 접촉과 강박은 '내 자유 이전에 있는 규명해야
할 것'이라고도 할 수 있다. 그러나 이 '규명'은 듣기 없이는
존재하지 않는다. '규명'이 듣기에 의해 발생한다는 말은 물
론 아니다. 하지만 귀를 기울이는 것, 프랑스의 철학자들
이 '주의'라는 말로 주의 깊게 표현해 온 그 자세 속에서 처
음으로 들을 수 있게 된다. 왜냐하면 괴로움은 괴로움 속에
갇혀 있는 어떤 사람이 말문이 막혀 말하지 못하는, 속으로
만 삼키는 말이기 때문이다. 혹은 잊은 척하는 말이기 때문
이다.

　여기서 문득 시몬 베유(Simone Weil, 1909~1943)의 공장 체
험이 떠오른다. 베유를 연구한 한 학자는 그녀가 '다른 사
람의 불행을 공유하려고 하는 광기의 연소' 안에 있었다고
평가했다. 베유 스스로도 "나는 지구상에 존재하는 모든 불
행들에 사로잡혀 있다."고 말했다. 그래서인지 그녀를 연구
한 학자는 '불행의 공유'에 대해 다음과 같이 말했다.

불행하게 불구가 된 사람은 다른 누군가에게 도움을 받기는커녕, 도움을 구하고자 하는 욕구조차 거의 다 사라져 버린다. 그래서 불행한 인간에 대한 공고(共苦)의 정(compassion)을 느끼는 일 자체가 불가능하게 된다. 이런 의미에서 사람에게 진정한 의미의 연민이 생겨나는 것은 사람이 물 위를 걷거나 나병 환자가 완쾌되고, 죽은 자가 부활하는 것보다 놀라운 기적이다.

시몬 베유, 《신을 기다리다》

베유는 자신이 공장에서 경험한 일을 적은 또 다른 기록에서 '생각이 스스로에게서 도망가길 바라는 것, 자기 자신을 상처 입히는 불행에서 벗어나길 바라지 않는 것 등을 불행의 특징'이라 규정한다. 생각의 도망이란, 사고가 스스로 머무르지 않길 바라는 상태를 의미한다. 괴로움을 겪고 있는 사람은 그 괴로움을 말로 호소하려 하지만 오히려 말은 죽어간다. 아니, 말이 죽어간다고 하기보다는 불행에서 벗어나려는 의지 그 자체가 지워져 간다고 할 수 있다.

시몬 베유는 1931년부터 중등학교 철학 교사로 부임했는데, 1934년에 1년간 휴직을 하고 파리에 있는 전기회사에서 공장 노동자로 일하기 시작했다. '다른 많은 사람들이 어떤 권리도 가지고 있지 못하기 때문에, 나 역시도 아무런

권리가 없다고 느끼는 감각'을 갖고, 다른 사람들의 '불행'
안에, 다른 사람의 '고난' 안에 들어가려 했던 것이다.

　　베유는 누가 봐도 서툴고 허약했기 때문에 노동자로서
의 삶을 지속할 수 있을 리가 없었다. 그녀의 몸은 극심한
노동을 감당하지 못했다. 덧붙여 말하자면, 1931년에 중등
학교에 교사로 부임했을 때도 그녀는 탄광 노동자들의 노
동운동을 적극적으로 지지했고 노동학교에도 협력을 아끼
지 않았다. 그때 그녀는 실업자에게 주는 수당, 5프랑으로
생활하고 자신의 나머지 급료를 직업이 없는 가난한 사람
들에게 나누어 주었다고 한다. 그녀는 당시 친구에게 쓴 편
지에서 이렇게 말했다.

　　처음에는 한 시간 반이나 서 있으면 더위와 피로, 아픔으로
　내 몸조차 컨트롤할 수 없게 돼서 화덕에 철판을 내려놓는 일
　조차 할 수가 없었어. 그런 나를 발견하고 바로 한 사람이(여긴
　모두 선한 사람들뿐이야.) 크게 놀라며 달려와서 나 대신 일을 해
　줬어. 만약 할 수만 있다면, 지금 당장이라도 그 공장으로 돌아
　가고 싶어. 당시에는 매일 밤, 내 손으로 벌어서 산 빵을 먹는
　기쁨을 맛볼 수 있었어.
　　그런데 말이야, 이런 일은 내가 공장에서 생활할 때도 단
　한 번밖에 경험하지 못했어. 이건 내 개인적인 생각인데, 공장

에서 일하는 것에는 이런 의미들이 있다고 생각해. 그게 뭐냐 하면, 자존심이나 자중하는 마음처럼 나를 지탱해 주는 모든 외적 요인(이전에 내적 요인이라 생각했지만)이 2,3주 만에 잔인한 압박을 견디다 못해 갑자기 무너져 버렸어.

그렇게 무너졌어도 내 마음 속에 반항적인 충동이 생겼다고는 생각하지 않지만 말이야. 아니, 그건 고사하고 나는 이 세상 모든 것들 중에 일단 나 자신에 대해서 어떤 기대도 하지 않았던 거야. 온순하게 살고 싶었어. 포기한 짐승처럼 온순하게 있고 싶었어. 나는 기대와 보살핌을 받고, 명령대로 살기 위해서 태어난 기분이 들었어. 나는 지금까지 그 일들 외에는 한 것이 없다고 생각했고, 지금도 그 길밖에 없다고 생각해. 이런 일들을 말한다고 해서 자만하거나 하는 것은 아니야. 이런 종류의 고통은 어떤 노동자에게도 이야기한 적이 없어. 이렇게 생각하는 것만으로 너무 괴로운 일이 되니까.

시몬 베유, 《알베르틴느 테브논 부인에게 보낸 세 통의 편지, 1934~1935년》

노동자는 말하지 않는다. '불행'과 '고난' 안에 있는 사람은 말을 하지 않는다. 이야기하지 않을 뿐만이 아니라 애초에 '불행'이나 '고난' 속에 자신이 있다는 그 사실 자체도 의식하지 않으려 한다. 오히려 불행이나 고난과 친근해지려고 한다. 생각은 고통을 야기하기 때문이다. 고난 속에서는 베유가 말한 대로 '사고는 위축된다. 환부에 메스를 대는 순간, 육체가 움츠러드는 것처럼 사고도 위축되어 버리고 만다. 결국 사람은 의식을 가질 수 없게 되는 것'이다. 또 그녀는 《노동의 조건》에서는 이런 말도 했다. "이런 생활 속에서 가장 뿌리치기 어려운 유혹은 완전하게 사고를 단념하려고 하는 유혹입니다. 이것은 인간이 괴롭지 않기 위한 유일한 수단임을 통감하고 있다." 이런 의미에서는 베유가 말하는 사고할 수 있다는 행위, 말로 표현할 수 있다는 행위는 이미 하나의 구원이자 은혜로운 특권 안에 있다고 생각한다.

그녀는 스스로 들어간 공장 생활 중에 사고하는 것보다 사고하지 않기를 더 바라고 있는 자신을 경험한다. 사고가, 그리고 기억이 결국 '거리감'이 되어 인간을 괴롭히고 있는 것이다. 괴로움 때문에 평소 살아가고 있음을 의식하지 않는 기반 자체가 무너진다. 때문에 그 존재를 계속해서 의식할 수밖에 없게 된다. 그렇게 의식을 통해 발생하는 그 거리를 지우는 일이 괴로움 안에서 괴로움에서 도망칠 수 있는 유일한 방법이 된다.

반쯤 뭉개진 벌레처럼 충격을 받아 지면에서 허우적거리게 되면 인간은 자신의 몸에서 일어나는 변화를 표현할 수 없게 된다. 인간이 겪은 진정한 불행은 말로 설명할 수 없다. 이것이 불행이 주는 진짜 고난이다.

'바람'이라는 청취

고통과 인간은 어떻게 연결되어 있는가. '고통의 고통'은 애초부터 고통 속에 있는 인간에게는 들리지 않기 때문에, 먼저 그 사람이 자신의 내면에 존재하는 고통의 고통을 듣지 않으면 안 된다. 나는 인간이 혼자 틀어박혀서 그것을 귀담아 듣고 나서야 비로소 그 고통의 고통이 들린다고 본다. 베유의 말처럼 '기적' 같은 일이다.

괴로움을 말로 표현할 수 없다고 생각해 보자. '괴로움의 표현'은 말로 표현하고자 하지 않고, 그 대화를 기다리기만 하는 사람의 수동성 이전의 문제다. 괴로움을 표현하는 일은 마치 물이 새는 것처럼 공중에 흩어져버린다. 혼잣말처럼 흩날려버린다.

대화에서 나와 상대가 반드시 '주의'를 기울일 필요는 없다. 반대로 '주의'를 갖고 귀를 기울임으로써 처음으로 대화가 생겨난다. 베유 자신도 《중력과 은총》에서 '주의란, 가장 고도화된 단계에 존재하며 마치 무언가를 원하는 바람과도 같다.'고 또 '어떤 잡스러운 것도 섞이지 않은 주의가 바로 바람이다.'라고 서술했다.

그러나 여기서 말하는 '바람'은 대화가 생겨나기 이전과 똑같이 말이 입 밖으로 흘러나온 이후에도 바라서는 안 된다. 청취자가 화자의 말을 너무 주의 깊게 듣다가 내용을 놓치는 경우가 생기기 때문이다. 사람들은 사전에 내가 한 말이 받아들여질 것이라는 확신 없이는 상대방에게 내 바람을 드러내지 않는다. 또 그것은 괴로움을 일부러 이중, 삼중으로 만드는 일이기도 하다. 화자가 청취자가 듣고 싶어 하는 이야기를 하지 않고, 말을 돌리는 데는 괴로움에 처한 사람의 존엄성조차 뿌리째 흔드는 연약함과 '상처입기 쉬운' 성질이 녹아 있다.

그들, '불행한 사람들'은 혀가 잘린 채로 가끔씩 자신의 장애를 잊은 사람처럼 행동한다. 입술은 움직이지만 내뱉는 모든 음성은 다른 사람에게 들리지 않는다. 그들은 자신의 말이 다른 사람에게 전달되지 않는다는 확신이 서 있기 때문에 본인의 혀가 잘린 것이 아니라 불능 증세에 빠졌다고 세뇌되어 간다.

시몬 베유《공장생활의 경험》중, 〈런던 잡기 및 최후의 편지〉

굴욕은 결국 사고가 발을 디딜 틈이 없는 것처럼, 결과적으로 침묵이나 허언에 뒤덮인 출입금지 구역을 만들어 낸다. 불행한 사람이 탄식할 때, 그 탄식은 대체로 부정확하며 참된 의미로서의 불행을 드러내지 못한다. 게다가 뿌리 깊은 영속성을 가진 불행의 경우에는 매우 강한 수치심을 만들어서 그 불행한 사람의 탄식조차 말살시켜 버린다.

시몬 베유《공장생활의 경험》중,

〈공장의 안티고네―1933~1936년의 시몬 베유〉

말은 청취자의 '바람'과 같이 귀를 기울이기 시작하자 하늘에서 똑 떨어지듯이 갑자기 생겨난 것이다. 괴로움을 통해서 나타나는 '듣기의 힘', 그것은 틀림없이 듣는 언어 그 자체보다 언어의 몸짓 안에, 목소리에, 기원하는 침묵 안에 존재하는 것이다. 이런 의미에서 괴로움의 '말'이란 화자의 행위이면서 동시에 '듣기'라는 행위다.

'팩'이라는 치료법

마치 기원을 하듯 다른 사람의 말에 '주의'를 기울이는, 다른 사람의 말을 '기다리는' 행위가 한 가지 명확한 이미지로 표현된 문장으로 읽은 적이 있다. 다른 사람의 작은 목소리까지, 그 소리가 사라진 후에도 이것을 소중히 여기는 이 행위를 떠올리게 했다. 그것은 '팩'이라 불리는 정신치료법이었다. '팩'은 19세기 프랑스의 정신과 의사가 고안한 정신과 치료 기술 중 하나로, 중증 환자를 젖은 수건과 모포로 감싸고 간호사가 환자의 몸을 가볍게 문질러 주는 치료법이다. 디디에 앙지외(Didier Anzieu, 1923~1999)의 《피부자아》와 미나토 치하루(港千尋)의 《생각하는 피부》를 통해 이 치료법의 대강을 알 수 있다.

미나토에 의하면, 정신과 치료법 중에 온몸을 '팩'이라고 불리는 젖은 수건으로 감싸는, 어떤 의미에서 보면 원시적인 정신과 치료법이다. 피부에 상처를 내는 자학적인 행동은 자신의 신체 이미지가 무너져서 발생하는 것이라고 말하는데, '팩'은 그 분열된 신체를 젖은 수건으로 '감싸고 잇는' 작업이다. 환자에게 정리된 신체 이미지를 회복시켜 주는 치료법이다. 그 사이 간호사가 계속 환자 곁에서 돌보면서 수건 위로 환자의 몸을 마사지해 준다. 미나토가 인용한 몽파베특별의료센터의 정신과 전문의 티에리 알베르네의 의견을 요약한 부분에 이 젖은 수건 치료의 수순이 구체적으로 나와 있다.

환자는 아무 것도 걸치지 않은 나체로 젖은 수건을 깐 매트

리스 위에 나란히 앉는다. 매트리스 위에 올린 습포는 물을 머금고 차가운 상태이며, 물기를 잘 짜내지 않으면 안 된다. 환자의 몸과 팔 다리 역시 습포로 감싼다. 차가운 습포가 닿을 때 생기는 쇼크를 경감시키기 위해서 두 명 내지는 세 명의 간호사가 재빨리 움직여야 한다.

다음으로 습포 위에서 얼굴을 제외한 전신을 마른 수건 또는 모포 등으로 덮는다. 환자는 이렇게 이집트의 미라처럼 모포에 감긴 상태가 된다. 전신이 수건에 의해 고정되었기 때문에 환자가 할 수 있는 일은 딱 두 가지 밖에 없다. 머리 부분만 움직여서 주위를 살펴보는 것과 말하는 것.

간호사들은 이 환자의 신체를 감싼 수건에 마찰을 일으켜야 한다. 간호사들과 떨어진 방구석에는 관찰자 한 명이 들어가며, 환자가 말하는 단어와 반응을 전부 기록한다. 관찰자는 환자와도 거리를 두고 있는데, 항상 환자가 볼 수 없는 위치에 있어야만 한다. 예정된 45분이 지나면 관찰자가 습포 치료의 종료를 선언하고 습포를 벗겨낸다.

이때의 치료 행위는 울부짖는 아이를 어머니가 끌어안을 때, 아이가 그 행위를 눈치 채지 못하는 상황과 비슷할 지도 모르겠다. 그러나 여기서 주목해야 할 것은 '젖은 수건'이라고 하는 매체가 무너진 신체를 전체적으로 통일된 신체의 이미지로 회복시켜주는 것뿐만 아니라 '접촉을 불러내기 위한 장을 연다.'는 것이다.

환자의 신체는 탈의, 습포, 발한이라는 온도 변화에 의해 다양하게 자극 받는다. 그렇게 환자의 체온은 간호사의 마사지에 의해 변한다. 이 과정에서 환자에게 허락되는 유일한 표현 수단인 대화와 간호사의 접촉을 통해 둘 사이에서 깊은 커뮤니케이션이 생겨나기 시작한다.

팩 치료에서 가장 흥미로운 부분이 여기에 있다. 즉, 팩 치료를 할 때 생기는 부동성(浮動性, 고정되지 못하고 움직이는 성질) 언어 기능을 중심으로 살펴보면, 간호사의 촉감을 민감하게 만들어서 언어와 피부 감각과의 상호작용을 촉진시킨다. 일상 공간에서는 보이지 않았던 촉각과 언어의 관계가 돌연히 바짝 달라붙어 버리는 것이다.

알베르네는 치료 도중에 감정이 격해져서 퇴장해 버리는 간호사의 예를 보고한 적이 있다. 팩이 환자뿐만 아니라 간호사에게도 극한적 커뮤니케이션의 장이었다는 뜻이다.

팩은 하나의 예에 불과하다. 레비나스가 말한 '상처 입기 쉬움', 즉 타자의 고통 때문에 고통을 겪는 그 감수성이 교차(이해와 납득)되는 그 순간, 베유가 말한 '바람'의 형태로 성취된다.

여기서 '듣기'라고 하는 타자와의 비대칭 관계와 '상처 입기 쉬움'이라는 비공식 접촉이 일어난 것을 알 수 있다.

6

'접하다'와
'닿다'

말에도 우리의 몸과 연결된 부분들이 있다. '결이 있다.'고 말해도 괜찮겠다.
말은 메시지로써, 혹은 기호로써 무언가 의미 있는 내용을
전달할 뿐만 아니라 소리로 누군가에게 이어진다.
말이 이어지는, 혹은 도달한다고 하는 사건은 이른바 자아가 내는 소리와는 다른 목소리가
자신의 몸을 치는, 또는 자신의 피부에 달라붙는 것에 지나지 않는다.

타자의 맥박을 접하다

십 년간 불면증에 시달린 소녀가 있었다. 그녀의 주치의는 몇 년인가 그 소녀를 진찰하다가 동료의사에게 뒤를 부탁하고 전근을 갔다. 그러나 그 환자에게서 거듭 부탁을 받아 현재의 주치의와 함께 환자를 왕진하게 되었다. 호우를 뚫고 환자의 집에 겨우 당도한 의사에게 소녀는 머리와 눈, 다리가 아프다고 고통을 호소했다. 의사는 먼저 소녀의 맥박을 쟀다. 1분에 약 120회, 너무 빠르게 뛰었다. 의사는 한 손을 소녀의 손목에 두고 다른 손은 다리 뒤에 놓았다. 그리고 마루에 앉았다.

소녀가 잠들 때까지 온 집안이 멈춘 기분이었다. 그런데 양손을 소녀의 손목과 다리 뒤쪽에 올려놓고 나서부터 의사의 맥박이 점점 세차게 뛰기 시작했다. 그리고 마침내 소녀의 맥박과 같은 속도, 1분에 120회 정도로 뛰게 되었다.

평소 같으면 벌써 헐떡이고 있을 정도로 빠르게 맥박이 뛰는데, 이상할 정도로 시간이 천천히 흐르는 것처럼 느껴졌다. 그렇게 감각이 이상할 정도로 차분해진 의사는 불현듯 자신의 몸이 이상하다는 느낌을 받았다. 귀에서 '치치직' 하고 굉음이 들렸기 때문이다.

정적을 깨고 돌연히 들린 굉음, 부엌에서 환자의 어머니가 프라이팬을 위아래로 격하게 움직이면서 (의사를 위해) 음식을 만드는 소리였다. 침묵 속에 있던 모두를 놀라게 한 굉음은 고통, 그 자체였다. '이 참을 수 없는 고통은 조용한 섬에 다리가 연결되고 고속열차가 통과할 때 섬 주민이 느끼는 괴로움, 그것과 마찬가지다.'라고 그는 진단했다.

갑자기 큰 소리를 내 온 어머니와 외부에서 보낸 음향 자극을 수동적으로 받아들이기만 한 소녀의 '불행한 조합'이 불면증의 원인이었다. 그때 갑자기 의사에게 퍼뜩 떠오르는 무언가가 있었다. 눈앞에 걸려있는 시계의 초침이 내는 소리가 매분 120회였다. 초침이 가는 소리가 이 소녀의 맥박의 속도와 완전 일치하는 것처럼 보였다. 의사가 바로 시계를 멈추고 상자 안에 숨기자 소녀의 맥박이 정상 속도로 안정되었다. 소녀의 맥박이 안정됨과 덩달아 빨라졌던 의사의 맥박도 진정되었다. 이 이야기 속의 의사 나가이 히사오는 소녀가 느낀 고통을 다음과 같이 해석했다.

조용한 장소에 익숙해진 귀는 소음에 길들여진 귀와 다르다. 애초에 청각은 시각보다 경계를 담당하기 위해 발달되었다. 또 미세한 차이, 수학적으로는 불완전성을 용인하여 미분 회로적(실제로는 차분(差分)적이라고 하는 것이 맞음)이라는 인지에 들어맞는다. 목소리의 미세한 개인차를 십여 년이 지나서 들어도 재인식하고 목소리의 주인공을 맞추는 것이 청각이다. 여기서 말하는 미분 회로란 돌발입력에 약한 성질을 가진다. 0에서 갑자기 커진 입력, 혹은 돌연 0이 되는 입력에 약하다.

나가이 히사오, 《가족의 심연》

앞서 이야기한 바와 같이 소녀는 일상생활에서 자기 자신의 외부, 혹은 내부에서 발생하는 내용을 선별 검사(screening)하지 않고 일방적으로 받아들였다. 이런 상태에서는(시계를 밖으로 치우는 방법으로) 입력을 제한하든가, 입력에 견딜 수 있도록 소녀가 스스로를 바꾸는 게 불가능하다.

여기에는 이중의 동조성이 존재한다. 주변 환경에 노출된 소녀가 환경에 과잉 동조하는 상태와 그 소녀의 존재에

나가이 히사오가 정확히 동조한 것이다. 어떤 울림과 곡조, 사물이 내는 소리를 들을 때, 널리 퍼지는 그 거리감이 여기에는 없다. 바꿔 말하면, 생존의 두려움까지 느끼는 깊은 동조 내지는 공명만이 존재할 뿐이다. 이것은 개체를 위태롭게 하면서 그 아슬아슬한 지점까지 파고들어 치료한다. 우리는 종종 '상통(相通)'이란 단어를 사용하는데, 그 상통의 아름다움을 끊는 말에는 상상할 수도 없는 무서운 '흔들림'이 숨어 있다.

말에도 우리의 몸과 연결된 부분이 있다. '결이 있다.'고 말해도 괜찮겠다. 말은 메시지로써, 혹은 기호로써 무언가 내용을 전달할 뿐만 아니라 누군가에게 소리로 이어진다. 말이 이어지는, 혹은 도달한다고 하는 사건은 이른바 내가 내는 소리와는 다른 목소리가 나의 몸을 두드리는, 또는 자신의 피부에 달라붙는 것이다. 결국 이것은 소리를 내는 쪽과 소리를 받는 쪽이라는 두 개의 신체 사이에서 일어나는 소리의 이동이다. 거기서 일어나는 동조나 공명, 공진은 사람의 존재에 커다란 '흔들림'을 불러일으키고 마침내 서로 '접촉'하게 만든다.

'접촉'의 위상

우리는 '팩'이란 치료법을 통해서 언어 교환과 피부의 접촉을 통한 두 가지 커뮤니케이션이 깊은 교감을 일으키는 사건을 살펴봤다. 환자의 몸을 감싼 습포가 만들어 낸 사건이었다. 그곳에서는 감정의 아슬아슬한 '흔들림'과 자신의 기분이 다른 사람에게 전달될 때의 '접촉'이라는 이중 의미에서 '닿다, 연결되다'라는 사건이 일어나고 있었다. 감정이 극에 달해 방을 뛰쳐나간 사람은 환자가 아니라 간호사였다는 사실도 역시 확인했다.

이때 그 간호사는 '접촉'이란 형태로 '자-타, 내-외, 능동-수동이라는 구별을 넘어서 이른바 상호 침수적인 장소에서 만났'으며, '상대방과 나를 포함한 하나의 역동적인 장소의 배치에 하나의 절단면으로 침입'했다. 이때 '접한다'는 것은 '닿다'와는 완전히 반대되는 체험이다. '닿는' 행위가 주체와 객체 사이에 어떤 간격(자-타, 내-외, 능동-수동이란 구별)을 둔 관계로 발생하는 것에 비해 '접한다'는 것은 달라붙는 것과 그것을 받는 것 사이의 상호 침수와 교감이라는 계기를 반드시 포함하고 있기 때문이다. '접한다'는 것은 '접촉'함으로써 생성되기 때문이다.

'접촉'이란 단어에 대해 이야기해 보고 싶은 지점에 이르

렀는데, 아름답지만 독이 없는, 그 두텁고 깊은 의미를 완전히 잘라낸 단어에서는 죽어도 얻을 수 없는 한 사건으로써 '접한다'는 경험을 살펴보기로 한다.

앞서서도 그의 글을 인용했는데, 사카베 메구미는 그의 논고 《'접촉'에 대한 기록》에서 '법에 접촉된다.'는 표현으로 접촉을 언급한다. 사카베에 따르면, 법에 접촉된다는 것은 '하나의 월경(越境), 이른바 법을 뛰어넘는다는 것으로, 법을 뛰어넘는 영역과 서로 왕복하는 일종의 상호감입(相互嵌入)'을 의미한다. 법을 어길 때와 같이 그것을 알고 행하는 것이 아니라 모르고 행하는 행위이다. 또 법의 근거가 되는 것들의 반작용으로써 그 일의 보답이나 '저주'를 깨닫는 행위다. 이런 의미에서 '접하는' 것에는 익숙하지 않은 것들과의 만남, 그 생명력과 접하거나 혹은 그것에 홀린다는 의미가 포함되어 있다. 이 경우에 한해서 '접한다'는 것은 일종의 비극적인 경험이 된다.

'기가 흔들린다(실성하다)'는 것도 아마 이런 비극적 경험으로 인간에게 찾아오는 것이며, 일상에서 안정적인 구조에 위치한 자아의 동일성이 근저에서부터 위협당하여 흔들리는 경험을 의미한다. 그러면서 우리는 이미 나와 너, 다른 사람 등의 '인칭'을 넘어, 인칭들의 생성되는 원점이 되는 장소와의 만남이란 일종의 형이상학적인 경험과 마주하게 된다.

누구나 자신의 몸을 다른 사람이 구석구석 사랑스럽게 보듬었던 경험이 있었을 것이다. 욕조에 몸을 누이고 아래턱과 겨드랑이 아래, 허벅지, 발가락 사이를 정성껏 씻는 경험 말이다. 이것은 다른 사람에게 무언가를 '받는' 경험의 핵심이 된다. 과장되지 않게 말해도 이것이 나라는 존재를 '돌봐 주는' 경험의 핵심과 같은 것이다.

디디에 앙지외는 이 경험의 기반을 이루고 있는 것을 어머니의 모태 안에서 있으면서 그 환경에서부터 풍성하게 쏟아지는 목소리에서 찾고 있다. 거울에 비친 자신의 본 모습(가시적 외피)을 깨닫는 것보다 훨씬 전에 이미 자신이 반사된 거울로써의 '음향적 외피'가 존재했다는 이야기다. 이것은 모태의 환경과 태아가 번갈아서 발생하는 소리를 통해 구성된 소리의 표면이며, 그 음성적인 피드백을 앙지외는 '음향욕(音響浴)'이라 불렀다.

음향적 공간은 최초의 심적 공간이다. 갑자기 외부에서 들려오는 불쾌한 소음, 신체 내부에서 지각되지 않는 불안을 만들어내는 덜컹덜컹한 소리, 출생과 공복, 고통, 분노, 대상의 상실 등의 상황에서 자동적으로, 그러나 활발한 움직임에 관한 이미지를 동반하여 발생하는 부르짖음, 이 모든 것이 '심적 공간'의 형태를 만들어 간다. ······ 음향의 공간은 태내와 구강-사람의 머리와 같이 동굴 모양의 공간이다. 안전하게 보호받지만 꽉 닫히진 않는다. 내부를 울리는 반향과 공조가 가득차 울려 퍼진다. 아이들이 앞으로 계속 살아갈 별도의 공간, 즉 시각적인 공간과 시각- 접촉할 수 있는 공간, 운동성을 가진 공간, 그리고 마지막으로 기록할 수 있는 공간 등은 나 자신에게 속한 것과 그렇지 않은 것의 차이, '자기 자신'과 주변 환경과의 차이, '자신'의 내부에 존재하는 차이, 환경 안에 있는 차이 등을 아이들에게 가르친다. 맨 처음에 '자기'의 음향적 외피에 결손이 생기면, 그것이 하나로 연결된 공간 발생에 장애를 만든다.

디디에 앙지외, 《피부자아》

자신의 이야기를 듣는다는 것, 자기 자신과 거리가 발생한다는 것은 모두 음향적 외피의 안과 밖이 구별되면서부터 시작되었다고 생각한다. 그래서 말이 닿는다, 전달된다의 상황은 마치 그 거리를 전제한 접촉과 같은 것이다. 체온이 다르고 살결이 다른 이질적인 것과의 접촉은 분리를 전제로 하지만, '접한다'는 것은 그 분리를 파괴하는 성질을 가졌다. 음향욕과 같이 근원으로 돌아가는 회귀로써 자기 자신을 용해하거나 분해해 버리는 것이다.

'기가 흔들리는' 이유는 시각 공간과 촉각 공간, 운동 공각과 문자 공간 등 서로 이질적인 공간을 연결하는 '최초의 심적 공간'인 음향 공간이 '흔들리기' 때문이다. 이것을 어물쩍 넘기려 하면 격렬한 반동을 겪게 된다.

전화를 받은 사람 손 근처에 메모지가 있으면 자기도 모르게 의미도 없는 낙서를 하는 것처럼 어떤 감각이 급격하게 예민해지면 다른 모든 감각이 상대적으로 냉각되는 부분을 매우고자 꿈틀대기 시작한다.

그리고 '평균 상태를 어떻게든 유지하려고 하는 행동'이 격해져서 끝내는 환각이 만들어진다. 혹은 '감각 중 어느 것 하나가 증폭되어서 특히 그 감각만이 감도를 늘리면, 그것이 다른 감각에는 마취제 작용을 하는' 경우도 있다. 종종 정신과 치료에서 이런 현상을 응용한다. 굉음이 통각을 마비시키는 경우도 그렇다. 감각 자극 사이의 불균형이 강렬하고 격심한 경우에는 경험의 파탄을 방지하기 위해서 감각 전체가 스스로를 외부와 차단하고 전신을 마취시켜버리는 경우도 있다. 기가 흔들린다는 말도 자기 자신의 내부 깊숙한 곳에서부터 생기는 동요와 용해를 막으려고 하는, 극렬한 반발작용으로 일어나는 현상이다.

'과잉된 합리주의'란 말이 있다. 과잉된 합리주의란 대화할 때 사용하는 '언어'의 의미를 논리적인 일관성에 따라 집요하게 구애하는 태도를 말한다. 대화가 다른 곳으로 빠지는 상황, 내용과 맞지 않는 말이나 앞뒤가 모순된 주장을 하는 것, 결론이 없는 말, 그리고 말이 막히거나 본의 아니게 침묵하는 일 등의 대화할 때 생기는 애매한 부분과 공백을 허용하지 못하는 것이기도 하다. 보통 이럴 때 사람들은 그 대화 내용과 의미를 맞춰서 단어를 사용하고, 말투와 억양, 음색과 리듬이 자연히 조성되는 다른 의미 작용을 금지하기 때문이다. 응석 부리는 소리나 아부하는 말투, 간지러운 말투, 따지는 목소리, 아픈 곳을 파고드는 말, 착 감기는 목소리, 이렇게 겉으로 들어나는 표현 외의 접촉과 작용을 막는 것이다.

'접촉' 안에서는 스스로가 무너지고 용해되기 때문에 반대로 자신의 테두리를 필사적으로 보강해 가기 시작한다. '접촉'을 회피하려고 하기 때문에 '기가 혼란스러운, 즉 미치고 마는' 것이다.

'다가오는' 소리

역으로 '다가오는' 목소리도 있다. 청취자의 피부에 닿는 목소리, 정신을 분산하는 목소리, 신경에 닿는 목소리, 관자

놀이를 욱신거리게 하는 목소리, 또는 탁한 소리와 쉰 소리. 그러고 보니 'Blues is the heart of the voice'라는 말도 들은 적이 있다. 이 목소리와 음이 '다가오는' 경험을 떠올려 설명할 때 딱 알맞은 단편이 있다.

작은 요리점을 경영하는 아키와 사키치 씨는 나이차도 스무 살 가까이 나고, 이혼 경력도 있는 부부였다. 아키는 남편의 병이 매우 고치기 어렵다는 사실을 의사에게 들은 후, 남편이 눈치 채지 않게 평소와 다름없이 조용하고 평온하게 행동했다.

"역시 그랬군."

"뭐가 역시 그랬다는 거야?"

"아니, 화재 탓으로 돌리는 거 말야. 나는 그때부터 네가 계속 상태가 안 좋은 줄 알았어."

"무슨 말이야?"

…(중략)…

"아니, 부엌에서 나는 소리가 이상하다고 생각했어."

아키는 다시 섬뜩해졌다.

"부엌에서 나는 소리가 어쨌다고?"

"아, 질린다. 너는 원래부터 조근조근 말했는데 여기 와서부터 더 작게 말하고 있어. 작게 말하는 것도 좋은데 그게 선명하게 안 들려. 듣기 싫은 소리라고. 물도 부엌칼도 뭔가 기분 나쁘고 너무 조심하는 소리가 같다고. 신경 쓰인단 말이야. '저래서 음식 맛이나 나겠어?' 라고 생각했어."

"싫다. 정말 나쁜 사람이네. 그게 신경 쓰였으면 말해 줬으면 됐잖아. 소리가 작다느니, 듣기 싫다느니 돌려 말하지 말고 너는 숨기는 게 너무 서투르니까 이렇게 하라고 말하면 되잖아. 나는 소리가 그런지 저런지 신경 쓰고 있을 시간이 없어. 그냥 단지 당신이 일어날 때까지 대신 요리한다, 돌아올 때까지 이어간다는 생각만 갖고 정신 차리고, 어깨 펴고 죽기 살기로 하고 있단 말야."

"그러니까 뭐야, 이상하다고 느끼는 게. 부엌칼 소리가 대신 알려 주는 거네. 어깨에 상사의 임무를 대신 짊어질 때는 어떤 사람이라도 평소보다 불타오르는 거야. 얕보이기 싫으니까. 나도 항상 여기저기서 다른 사람을 대신했는데 잘 되는지 멀리서 보고 있었고, 분명 다른 사람도 너를 그렇게 지켜보고 있었을 거야. 네가 괴로울 걸 알지만, 어쨌든 네가 나 대신 일하고 있을 때는 그렇게 나쁜 음을 내고 있어. 나는 네가 내는 또렷한 음을 듣고 기분이 좋아진 적도 있는데 말이야."

"그럴지도 모르겠네."

"내가 처음으로 일을 나가지 못했을 때, 너는 평소보다 더 좋은 소리를 냈었어. 스테인리스 철로 된 뚜껑을 덮을 때도 차분하게 가라앉는 음을 냈고, 칼로 생선을 칠 때는 사람이 달라졌다고 느낄 정도로 리듬감이 좋았어. 기억 안 나?"

"그렇구나. 생각해 보니 그때 도마질은 좋은 느낌이었네."

"그게 정말이라고. 그때만큼 잘할 때는 보람이 있었을 거야. 익숙해지고 있는 게 들려서 바로 알았어. 남자라고 하면 우선 기세 좋은 음이라고 할까, 또렷한 소리라고 할까 그런 소리를 내는데 너의 칼질하는 소리에는 기세나 탄력이 아니라 말하자면, 윤기다! 지금까지 없었던 윤기가 흐르면서 부드러운 소리가 났었어."

'어? 칭찬 받았다!'고 말하면서도 아키는 못 견디겠다고 생각하고 빨리 이야기를 마치고 싶었다. 분명히 훨씬 전부터 이미 감 잡았을 거다. 이해 해도 모르는 얼굴로 이야기하는 게 더욱 견딜 수 없었을 터다.

"그랬는데 의외로 너무 빨리 성장이 멈췄어. 좀 더 수월하게 성장할 것 같다고 생각했더니 내가 틀렸어. 얼룩진 것처럼 좋은 날도 있고 나쁜 날도 있고 하룻밤 사이에도 확확 바뀌니까. 방금 전에는 좋았는데 지금은 또 우물쭈물 거리고 있어. 너는 평소 비교적 평온한 느낌인데, 왜 그럴까 하고 고민했어. 요즘에는 작아도 너무 작은 소리라서 참아볼라고 치면, 마치 시어머니라도 숨어 있거나 시누이가 몰래 숙덕이는 것처럼 소리를 낼 때가 있어. 그런데 그럴 이유가 아무리 생각해도 없으니까, 분명히 일이랑 나를 간호하는 일을 둘 다 하면서 지나치게 신경 쓸 일이 많아진 게 아닐까라고 생각했어."

"재미 있었어. 요리사로 일하는 건 꽤 고됐지만. 덕분에 나도 태평하게 늘어지지 않았으니까. 당장 내일부터 어떤 소리를 내면 좋을지 된장국 하나 만드는 것도 신경 쓰이잖아! 아, 귀찮아. 뭐 어쨌든 오늘은 일단 쉬지 않는 걸로 하자. 그 대신 멋있다 정도로 생각해 주지 않을래? 마음먹은 거 전부를 저녁에 사용해 버렸으니까."

"응. 그러면 그럴 때 견뎌낼 방법이 있으니까 너한테도 알려줄게. 나는 이미 틀렸으니까, 죽으면 알려 줄 수 없잖아."

"뭐야 불길하게. 오늘은 어처구니없을 정도로 싫은 말만 하네. 이것도 화재 탓이 아닐까 몰라."

코다 아야, 《부엌에서 나는 소리》

이 이야기 속에 미세하게 귀에 닿는 것이 있는데, 그 안에 한 음의 절단면이라고 말해야 할 무언가가 사키치의 머리를 콕콕 찌르고 있었다. 다른 사람을 부를 때, 꾸짖을 때, 칭찬할 때, 위로할 때, 다른 사람에게 말을 걸 때, 부탁할 때, 호소할 때, 사람은 목소리를 내고 음을 만든다. 목소리를 키우고 음을 높인다. 목소리를 쥐어짜고 소리를 낮춘다. 이렇게 다른 사람과 연결되어 가는 계기를 이야기 속 아키는 있는 힘껏 억제하려고 하고 있다. 그냥 가만히 놔두자, 연관되지 말자는 태도를 취한 것이다. 소리에서 표정을 지우는 것이다. 무심코 귀를 쫑긋 세우고 집중한 사키치 역시 소리의 미세한 변화에 귀를 쫑긋거리고 있다. 그 변조에 마음이 쏠려서 부엌에서 내는 소리를 혼자 되새김질하고 있는 것이다.

아키는 전달되는 것이 무서워서 음의 단면 너머로 가지 않으려 하고, 사키치는 그 단면에 걸려서 넘어가지 못하고 있다. '소리의 벽'이라 불러야 할 것이 둘 사이에 세워져 있다. 그 벽에 각각 자신의 의식을 반사시키고 있다. '접하다'는 것에 포함되는, 서로의 내부에 침수 감입되는 것을 억제하여 간신히 만들어내는 절묘한 술수로 서로에 대해 깊게 생각할 수 있게 만드는 무언가가 존재한다. 아무것도 말하지 않은 아키의 기분이 몸짓에서 나는 소리를 통해 전달되고 있던 것이다. 이와 같이 소리가 '다가올' 때에는 목소리에 '접할' 때와는 반대의 일이 일어난다.

말을 하려고 해도 목소리가 도달하지 않는 경우도 있지만, 부엌의 아키와 거실의 사키치 사이에서는 역으로 말없이 소리가 제대로 전달되었다. 단지 그것이 '다가오는' 형태, 즉 공조와 공진을 받아들이는 방식으로 도달했다고 말할 수 있다. 여기서 우리는 목소리가 도달한다는 상황에 대해서 처음에 생각했던 그 의견을 수정하지 않으면 안 된다.

여기서 새롭게 변하는 점은 목소리가, 소리가 도달한다는 것이 '접한다'는 말과 반드시 같은 의미라고 말할 수 없다는 것이다. '다가오는' 형태로 목소리가, 소리가 도달하는 경우도 있기 때문이다. '다가온다'라는 형태는 '접한다'라고 하는 근원적인 사건이 주-객 관계에서 변용된 것은 아니다. 지금까지처럼 관찰대상의 표면을 주의 깊게 살피고 그 내부를 해석하거나 할 때 같이 '다가가는' 것에는 접촉하면서도 접하러 가는 것이 그에 닿는 대상과 분리된 장면이 종종 등장한다. 아니, '다가온다'는 행위는 대체로 이와 같이 일어난다고 할 수 있겠다. 거기에는 상호간섭이라는 게 없다. 따라서 '접한다'는 것은 일어날 수 없다.

그러나 사키치와 아키의 예처럼, 소리의 결에 생기는 미묘한 변화에 '접하는' 의미로 '다가가는' 일도 있을 것이다. 그리고 자-타의 용해로써 '접촉'보다도, 역으로 이와 같은 이질감, 그 자체에 '접하는' 일로써 '다가가는', 즉 거리를 둔 채로 접촉하는 것이야말로 보다 깊은 자-타의 교감을 만들어낸다. 이처럼 사람과 사람 사이에서 하는 음의 교환에는 겹겹이 쌓아올린 구조가 존재한다.

음향적 존재로서의 인간

말하기는 전신으로 하는 행위다. 방안에서 조그맣게 중얼거릴 때도, 신체의 움직임을 최대한 줄여가면서 흥얼거릴 때도 그 행위는 전신으로 하는 것이다. 메를로퐁티도 언급한 바와 같이 말은 사고의 정착을 위한 어떤 수단이 아니며, 사고의 외피나 의상도 아니다. 그것은 신체적 표현 중 하나인 '전조'로 나타나는 것이며, 이런 의미에서 볼 때 하나의 몸짓, 이른바 사고와 감정의 몸이라고 말해야만 한다.

메를로퐁티는 《지각의 현상학》에서 '불연속적인 동작의 무한정한 한 계열 안에서 그 자연적인 힘을 넘어서 변모시킨 의미적인 핵심을 각각 나누는 것, 이것이야말로 인체의 정의다.'라고 하며, 덧붙여서 말하기에 대해 다음과 같이 덧붙였다.

'목구멍의 수축, 혀와 이를 거쳐 나오는 공기의 방출, 우리들의 신체를 사용하거나 수단으로 사용하는 법이 돌연 한 가지 상징적인 의미를 수여받고 우리의 외부를 향해서 그런 의미를 지시하게 된다. 이것은 욕정 안에서 애정이 생겨나고, 살면서 처음으로 의미 없이 휘젓는 움직임 속에서 의미를 가진 행동이 만들어지거나 하는 기적적인 행위, 그 이상도 그 이하도 아니다.'라고 말한다.

말하기는 신체적 표현 중 하나인 '전조'이며 의식한 내용을 입이라는 기관을 조작하여 청취 가능한 음향으로 변환하는 것은 아니다. 우리는 '말만 잘한다'는 표현을 자주 쓰는데, 비유적으로 말하기만 잘할 뿐이라는 의미다. 억제된 대화도, 자신을 억제하는 형태로 몸가짐에 일부러 포함시키는 것이다.

그렇기 때문에 말하기에는 텍스트(=말할 때 사용되는 단어들, 즉 언어로 표현되는 내용)뿐만 아니라 텍스쳐(=말투, 즉 언어의 표면)가 있다고 말할 수 있다. 누군가의 목소리에는 그 사람만의 특유한 억양(결)이 있기 때문에 계속해서 그 사람의 말에 접하는 동안에 그 사람의 존재는 대부분 '목소리'에 환원된다 해도 좋을 만한 상태가 된다. 사람에 따라서는 얼굴을 떠올릴 수는 없지만, 목소리의 감촉만은 얼핏 기억나는 경우도 있다.

나도 유기체나 금속, 대부분의 물질과 같이 음향적인 존재이지만, 나 자신이 내는 진동은 내 안에서 들을 뿐이다. 내가 말한 바와 같이 비교할 수 없는, 나만의 목소리는 내 생애의 총량과 밀접한 관련이 있다. 그러나 내가 만약 이야기하고 있는 누군가의 호흡까지 알아듣고 그의 흥분이나 피곤함을 느낄 수 있을 정도로 그와 가깝다면, 나는 그에게서 내 경우와 마찬가지로 무시무시한 꾸중을 듣는 일은 없을 것이다. 촉각과 시각, 이 둘 사이에는 반사성이 존재하는데, 그것처럼 발성 운동과 청각의 사이에도 반사성이 존재하기 때문이다. 발성 운동은 음향적으로 적어넣는 것이고, 꾸중은 내 안에 운동적 반향을 일으키는 것이다.

메를로퐁티, 《보이는 것과 보이지 않는 것》

보는 것과 보이는 것, 만지는 것과 만져지는 것의 가역성 (可逆性)이 모든 감각 사이로 나아가 자아와 타자 사이로 그대로 옮겨간다고 하는 메를로퐁티의 말버릇 같은 사고가 여기에도 녹아 있다. 감각과 운동이 서로 동행하고 침식되며 반향하는 관계. 아마도 소리는 이 관계 속에서 발성될 것이다. 그리고 말의 '몸짓'이라 불러야만 목소리, 혹은 문체가 '누군가'로써 그 사람의 존재를 전달해 주는 것이 아닐까.

우리는 다른 사람의 존재를 나와 같은 구성원으로 받아들이는 대화를 할 때 '보편적 타자'와 다름없는 '개별인'으로써 타자를 보고, 그와 만난다는 사실을 앞서 2장에서 확인했다. 환자가 느끼는 고난은 '말하기 / 듣기를 통한 대화를 쓰기 / 읽기'라는 형태로 해야 되는 행위였다. 쓰인 글을 읽는 불특정 다수의 독자에게 열려 있다. 환자와의 대화도 글로 써 있는 것을 받아들이기 위해 환자는 눈앞에 구체적인 다른 사람을 그대로 '일반적인 타자'로 체험하는 것 밖에 할 수 없었다.

'예를 들어, 자신을 향해서 하지 않은 말을 듣는 경우(말하는 주체만), 혹은 읽으려 하지 않았지만 읽게 되는 경우(언표의 주제만)에는 진짜 주체가 나타나지 않는다. 말하는 주체의 말이 아니라 언표 주체의 말로 듣고 자기 자신의 언어를 특정한 개별 타자에게가 아니라 보편적인 타자에게 하는 경우, 우리의 환자의 에크리튀르적 대화 태도는 타자의 진짜 주체성을 배제하는 것으로 생각할 수 있다.' 이것이 나가이의 분석이었다.

'말만'이란 표현에 얽혀 있는 것은 틀림없이 몸짓과 행동으로써의 언어다. 이때는 타자의 목소리 표면과 닿으면 재차 자신의 곁으로 되돌아오는 경험은 일어나지 않는다. 언어의 몸짓과 닿을 수 없거나 언어의 움직임을 받아들일 수 없는 체로 상대방의 말을 그대로만 이해해 상대방이 말하고자 하는 내용을 엉뚱하게 예상한다. 대화를 하는데 필연적으로 '느린' 반응을 하고 만다. 거기에는 겉으로 들어난 내용 안에 침수되었을 메시지가 들리지 않는다. 전하고자하는 기분, 그것이 전달되지 않기 때문이다.

기가 흔들린다는 것은 메를로퐁티가 말하고 있는 '음향으로써의 자기 자신의 공간이 크게 동요되어 버리는 상태'

인데, 여기에서는 이 공간이 생겨나기 어렵다. 이유는 대화가 평탄한 일차원으로 환원되어 단층화되기 때문이며, 그래서 서로 '접하는' 것이 없기 때문이다. 디디에 앙지외의 용어로 안과 밖을 구별 짓는 '음향적 피부'는 타자와의 만남 속에서 되돌아오는 형식을 취하여 보강된다.

메를로퐁티가 말한 음향적 존재로써의 '자신'은 다양한 소리가 서로 교차하면서 관통하는 장소다. 음향적 존재는 자신이 내는 소리이며, 타자의 소리와 괴리되어 가면서 그 소리를 파악하는 것이다. 소리는 특별히 나에게만 들리는 것도 아니고, 따라서 주관적으로 반응하는 것도 아니다.

이런 의미에서 소리는 내가 타자와 함께 하나의 공간에 살고 있는 공통된 요소와 같다고 말해도 좋다. 이 공통된 존재 요소에서 내가 내는 소리, 당신이 내는 소리, 그가 내는 소리, 나의 목소리, 당신의 목소리, 그의 목소리로 분리되어 간다.

앞서 이야기한 것처럼 타자의 목소리를 듣는 행위의 근저에는 '자-타, 내-외, 능동-수동이라는 구별을 넘어서, 이른바 상호 침수의 장'에 들어가는 경험이 있다. 그 경험 안에서부터 다시 나오기 위해서는 타자의 목소리에서 느끼는 이질성—이것은 문자 그대로 나와 다른 목소리의 표면과 다른 체온을 가진—과 만남으로써 우리들은 재차 자신의 곁으로 반송된다. 이런 과정이 나와 타자 사이에서 끊임없이 반복되고 있다. 그리고 이런 이질감과의 '접촉'이 결여되면, 기가 흔들리는 상태가 되는 것이다.

7

받아들인다는 것

우리들은 이생의 시작과 끝에 다른 사람과 함께 자신의 인생을 살아간다.
이때 중요한 점은 무언가를 위해서가 아니라
단지 여기에 함께 있다는 사실
그 이상도 이하도 아니다.

받아들이는 경험

'소리'와 접한다. 다른 공간에서 오는 '소리'가 내 몸 이곳저곳에 와 부딪힌다. 소리가 나의 피부를 거칠게 문지른다. 집요하게 달라붙거나 차분하게 감싸기도 한다. 그러다가 어느 순간, 가볍게 어루만져주기도 한다. 탁한 목소리, 쉰 목소리, 달래는 목소리, 쉰 목소리, 가시 돋친 목소리, 떨리는 목소리, 포근한 목소리, 둥글둥글한 목소리, 고막을 찌르는 목소리, 까칠한 목소리 등 '목소리'에는 각각 다른 강도와 진동, 윤택함과 음영 등이 있어 침투력도 강하다. 그래서 우리는 그 목소리를 강하게 거부할 때도 있다.

우리들은 이것을 '목소리의 구성'이라 부른다. 개별적

인 소리의 살결과 접하는 일은 다른 사람의 몸에 닿는 것과 같다. 여기서 타자의 몸이란, 롤랑 바르트(Roland Barthes, 1915~1980)가 '사랑하는 사람'에 대해 내린 정의와 같이, '사랑하는 사람의 육체는 연애하는 주체의 가슴속에서 발생된 생각, 감동, 관심의 모든 것'이다.

사람은 때에 따라서 신음소리와 꾸짖는 소리, 가성과 울고 웃는 소리처럼 언어로 결정을 맺지 않는 소리를 낸다. 보통 다른 사람에게 무언가를 권유할 때, 호소할 때, 명령할 때 서로 몸을 맞댄다. 우리가 다른 사람의 목소리를 듣고 있을 때는 그 소리의 '결'을 통해 그와 접촉한다고 말하는 편이 좋겠다.

대화에서 '의미'가 탈락했을 때 우리는 처음으로 '목소리'를 듣는다. 순수하게 '목소리'에 접한다. 예를 들어, 외국에서 모르는 외국어로 이야기하는 사람들 때문에 곤란을 겪을 때나 의미를 알 수 없는 외국어 아리아에 정신없이 귀 기울이고 있을 때 우리들은 이른바 의미 이외의 소리와 접한다. 이때 의미는 사라진다.

언어로 말하기 전에도 인간은 '목소리'와 접하고 있었다. 유아기 때 몸속에 쏟아지는 언어 샤워는 분명하게 의미 이전의 소리의 결을 경험한다. 그러나 막연한 의미 속에서 접하는 '소리'가 언어를 만남과 동시에 서서히 의미에 종속되는 상태가 된다. 그렇게 듣기가 피부의 경험, 몸 전체의 경험에서 차츰 귀의 경험으로 축소되어 간다. 사물의 소리와 언어에 귀를 기울일 때, 사람은 '소리'에 접하는 피부로써 전신을 압박한다. 듣기 싫은 내용은 자세히 이야기할수록 마음이 멀어진다. 이때 우리는 이미 타자의 신체와 접하고 있지 않다.

환자와 이야기만 늘어놓고 해석을 해 주지 않는 치료법이 있다. 그때는 역으로 정신과 의사는 '소리'의 경험을 '의미'에 의한 압박에서부터 해방시키기 위해 움직일 것이다. 웃음으로 사람을 치료하는 방법은 의미의 외부까지 가지 않더라도, 난센스적인 형태로 전혀 다른 문맥과 괴로움, 슬픔 안에서 어떤 사람의 의식을 연결해 내기 때문일 것이다.

타자를 돌보는 행위는 이처럼 의미 외부에서 일어나는 일이다. 어떤 효과를 원하는가가 아니라 '무엇을 위해서?'라는 질문이 실효를 거두어야 다른 사람을 돌볼 수 있다. '이런 사람이니까, 혹은 이런 목적과 필요가 있으니까.'라는 조건을 붙이고 돌보는 것이 아니라 조건 없이, 당신이기 때문이라는 이유로 돌보는 것이어야 '케어'라고 말할 수 있지 않을까.

사람은 태어나면서부터 바로 타자와 전면적인 의존관계에 들어선다. 어르고 달래고, 말을 걸고, 쓰다듬고, 젖을 물리고, 사타구니를 씻기고, 머리를 감겨주는, 마치 존재 자체를 보호받는 경험을 한다. 유아기에 특히 더 만족할 때까지 이런 경험을 만끽하는 것이 인간의 성정에서 결정적인 의미를 갖는다는 사실은 누구라도 자신의 몸을 통해서 기억하고 있을 것이다. 이 경험이 충분했다고 하면 그의 인생은 그렇게 쉽게 동요되지 않는다.

시모야마 도쿠지(霜山德爾)는, '받아들인다'는 말이 사람의 인생에서 가지는 의미에 대해서 설명한다. 유아가 보통 처음에 받아들이는 것은 '부드러운 유방의 살결과 거기서 나오는 따뜻한 우유'라고 설명한다.

> 아기가 젖병에서 분유를 마시는 행동을 살펴보자. 만약 분유의 온도가 지나치게 높거나 낮으면, 혹은 비율이 이상하게 섞였을 때 유아는 분유 마시기를 거부한다. 아이들은 액체의 '상태'를 느끼고 구별하는 것이다.

> 이 느끼는 행위의 의미는 공복과 건강 등 내적인 인자와 주위의 상태와의 친밀도, 어머니의 목소리 등 외적인 인자에 의해 결정된 그의 기분에 좌지우지된다.

> 발달 초기의 정신 병리에 관한 많은 의견을 알려주는 행동은 환경마다 조금씩 다른 변동과 모친의 태도의 사소하고 냉담한 변화가 이미 아기에게 상처를 줘서 기분 변화를 일으키

는데, 최초의 미세한 징후는 음식을 거부하는 행위로 나타난다. 유아가 아무것도 하고 싶지 않을 때나 애정을 상실했을 때, 먹는 것에 대한 관심을 모두 버리는 경우가 있다.

시모야마 도쿠지, 《인간의 한계》

음식이 '입에 맞지 않는', 그 말이 '받아들여지지 않는', 그 요구를 어떻게 해도 '삼킬 수 없는' 거절은 이렇게 존재 안 깊숙한 곳에서부터 나오는 것이다. 시모야마는 퇴화에 의한 치매 환자들에게서 종종 나타나는 '먹는 것을 즐거워하지 않은' 증상에 대해서도 유아를 대할 때와 같은 곤란함을 발견했다. 그래서 다음과 같은 글을 남겼다.

정신병원 식사 시간의 광경은 비참하다. 평상시에는 느릿느릿 움직이던 환자들이 무서운 속도로 빨리 먹는다. 또 정신분열증 환자와 치매 환자 중에는 음식에 독이 들어갔다고 확신하는 경우가 있다. 이런 피해망상은 인간학적으로 볼 때 신뢰 상실의 섬뜩한 표현이라고 밖에 할 수 없다.

씹는 것 하나지만 그것은 결코 생리적인 운동과 감각에 그치는 것이 아니다. 어떤 것을 받아들이고 맛을 보는 하나의 교감이며, 음미하는 행위다. 그것은 맛을 보는 것이 아니라 분별이다. 이에 한해서 "개성 있는 특성을 따르는 '생각의 흐름'이란 행위의 맹아이며, 징조다."라고도 말할 수 있다. 또 '두 개로 된 사람과 사물의 세밀한 교류'로 '대화의 전 단계'로 불리기도 한다. 중요한 것은 먹는다는 행위가 사람과 사람 사이의 '신뢰'와 깊이 연관되어 있다는 점이다. 계속된 굶주림이 인간에게 종종 예측할 수 없는 잔혹함을 야기하는 이유는 이 신뢰가 지독하게 상처받았기 때문일 것이다.

시모야마 도쿠지, 《인간의 한계》

'시간을 준다' 혹은 무조건적인 존재

죽음을 맞이할 때, 그가 특별한 '누구'이지 않고서는 누군가가 함께 있어 주기를 원한다. 어떤 책에서 읽은 노인 특별요양시설에서 일하는 직원의 말이 인상 깊게 남아 있다.

'자신의 최후를 어디에서 맞이해야 하는가?'라는 물음에 대해 보편적인 대답은 불가능할 것이다. 또 본인의 결정권을 중시한다고 해도 정말로 숨이 멎는 순간 그 사람의 기분은 누구도 알지 못할 것이다. 즉, 인간이 최후를 맞이하는 방법은 천차만별이고, 그것은 본인이 그때까지 살아온 방법에 의해 결정될 수밖에 없다고 생각한다.

예를 들어, 그때까지 계속 병원을 거부했던 사람이 본인의 의사를 전달하는 것이 불가능한 상태가 되어 그 분야의 최고 전문가 곁에서 사망했다고 한다면 그것은 만족할 만한 것이라고 말할 수 있겠는가.

터미널케어의 본질은 (연명을 위한) 의료행위를 해야만 한다든지, 죽음을 어디서 맞이해야 하는가가 아니라 최후의 순간을 '누구와 맞이하겠는가'라고 생각한다. 좀 더 구체적으로 이야기하자면, '혼자서' 혹은 '기계들만 있는 곳에서' 숨을 거두는 것은 말할 필요도 없이 서글픈 것이다. 적지 않은 시설에서 하고 있는 터미널케어의 본질은 거기에 있다고 생각한다.

히로이 요시노리, 《케어를 다시 묻다》

우리는 타자와 함께 자신의 인생을 살아간다. 이때 중요한 점은 여기에 함께 있다는 사실 그 이상도 이하도 아니다.

앞에서 인용한 글에서는 '타자와 접하는 상태'를 다른 말로 표현하고 있다. '시간을 준다'는 표현이다. '누구나 자신이 좋아하는 사람, 혹은 소중한 상대에 대해서는 시간을 할애하는 일을 마다하지 않는다. 한편, 그렇지 않은 상대에 대해서는 함께 보내는 시간의 양이 현격히 감소한다. 이런 상황을 생각해 보면, 케어란 그 상대에게 시간을 주는 일이라고 말해도 좋은 면을 갖고 있다. 혹은 시간을 함께 보낸

다는 것 자체가 하나의 '케어'라고 볼 수 있다'. 즉, '있다'는
것은 0이 아니다.

'있다'가 이미 제로를 넘어선 상태임을 역력히 그려내
는 것이 한신대지진 후 정신과 의사들의 구조 활동에 대해
서 적은 나가이 히사오의 문장이다. 고베에 사는 정신과 의
사 나가이 히사오는 《1995년 1월, 고베》에서 타자의 '존재'
—그는 그것을 '가만히 그 장소에 있어 주는 것'이라고 해
석—가 재앙의 현장에서 얼마나 무거운 의미를 갖고 있는
가를 반복해서 서술하고 있다. 어떤 대상의 현전(presence)이
아니라 단지 옆에 누군가가 있다는 감각, 그 직접적인 감각
에 대해서 이야기했다.

정신과 의사들의 의료활동을 돕기 위해 투입된 지역의
의사들 중에서 너무 긴 대기열에 작은 불만의 목소리가 퍼
지기 시작할 때, 나가이는 "예비군이 있어 줬기 때문에 우
리는 힘을 아끼지 않고 전부 사용할 수 있었다"고 답하며,
그 장소에 '있어 준' 것만으로 자신들의 팀에 얼마나 큰 힘
이 되는지를 역설했다. 누군가 옆에 있다는 감각, 그것이
사람에게 얼마나 용기를 주는가는 피난소에 있던 거의 모
든 사람이 경험했을 것이다.

처음 유치원에 갔을 때를 떠올려 보자. 어머니에게서 떨
어져 혼자 집단 안에 들어갈 때의 불안함은 누구나 느껴봤

을 것이다. 흘끗흘끗 어머니 쪽을 돌아보면서 나를 보고 있는지 몇 번이고 확인하면서, 본 적도 없는 다른 사람들의 둘레로 쭈뼛쭈뼛 들어간다.

발달심리학자 하마다인 스미오 역시 '인간은 자신이 누군가에게 발견되는 것을 의식함으로써 처음으로 자신다운 행동을 할 수 있게 된다.'고 주장했다.

서로의 숨겨진 측면

무조건적인 존재가 '거리가 없는 존재'를 의미하는 것은 아니다. 다른 사람을 돕는 일이 직업이 아니라 가족 구성원을 돌볼 때조차도 해당 가족과 나 사이에는 거리가 있다. 케어는 간호나 보살핌이라는 직무(=역할)가 아니라 누군가 어떤 한 사람의 인간으로 나타나지 않고서는 직무를 수행할 수 없다는 모순을 포함한 행위다. 말할 것도 없이 이 케어는 교육의 현장에서도 등장한다. 간호하는 장면을 예로 들어서 이 '거리'를 생각해 보자.

나에게는 일 년에 몇 번씩, 계절이 바뀔 때마다 방문하는 병원이 있다. 충치가 생기면 치과, 꽃가루 알레르기가 생기면 이비인후과를 찾아간다. 그러나 매번 그렇게 같은 병에 걸려서 다시 찾아간다고 해도 여기서 내 인생이 끝나지 않을까 하는 불안감은 느끼지 않는다.

그러나 병원에서는 그렇게 할 수 없다. 병원에 갈 때는 내가 어디가 안 좋은지, 상태가 얼마나 안 좋은지를 제대로 파악할 수가 없다. 정확히는 모르지만 몸 상태가 나빠지는 것은 확실히 느낀다. 의사도 내 몸 상태를 보기 위해 다양한 검사를 한다. 검사를 받으면 왠지 모르게 그때까지의 인생을 백지화하지 않으면 안 될 것 같은 불안감이 엄습해 온다. 좀 더 거창하게 이야기하자면 사람은 이럴 때 정체성까지 생각하곤 한다. 입원이라도 하면 지금까지 살아온 대로 살아가기가 이제 불가능하지 않을까 불안해 한다. 만일의 경우, 집에 돌아가지 못할 수도 있다는 생각을 한다. 신경이 날카로워진 상태로 의사의 얼굴을 떠올린다. 이것은 이변, 대이변이다.

이런 상황에서 환자에게 검사는 일상을 무너뜨릴지도 모르는 요소다. 그런데 의사나 간호사, 회계사무원에게는 그저 일상적인 업무일 뿐이다. 병원이란 그런 곳이다. 병원에 들어온 사람과 맞이하는 사람의 관계가 조금 반대로 되어 있다. 환자에게는 비일상적인 일들이 의사와 간호사에게는 일상적인 일이다. 병원이라는 '반대'의 장소, 돌보는 사람과 돌봄을 받는 사람이 반대로 돌면서 접촉하는 경계

면이 '임상'이라는 장소가 된다.

그런데 간호사에게는 '불타오르는 현상'이 종종 발생한다. 열심히 본인의 업무를 수행하는 중 이미 심신이 지나친 노동에 노출되어 몸이 견뎌내지 못하는 현상이다. 그런데 같은 상황에 놓인 환자와 의사에게는 이런 현상이 나타나지 않는다. 이유는 무엇일까.

나는 간호사는 직무상 늘 두 개의 얼굴을 해야 한다는 사실, 그 사실에 중요한 이유가 있지 않을까 생각한다. 프로로서 업무에 임하는 얼굴과 한 사람의 개인으로서의 얼굴. 환자는 병원에서 의사나 간호사 앞에 있는 환자의 역할을 연기하지만, 진짜로 아픈 것은 '그녀' 혹은 '그'이다.

옛날에는 의사가 자주 왕진하면서 그가 생활하는 공간 안에, 혹은 생활주기 안에서 아파하는 그와 직접 만나는 경우가 많았다. 하지만 최근에는 아기가 태어날 때도, 몸과 마음이 아플 때도, 죽을 때마저도 모두 병원에 간다. 태어나고 죽는다. 이것은 인생에서 딱 한 번씩 밖에 일어나지 않는 대사건이다. 특별한 경우가 아니라면, 아픈 것도 그렇게 갑자기 일어나는 것은 아니다. 내 가족이나 친구들에게도 마찬가지다. 아주 비일상적인 사건이 된다.

그러나 치료를 담당하는 의사들은 대부분, 자신의 업무 안에서 자신의 행위를 한정한다. 케어를 담당하는 간호사

팀은 단지 간호사로서 환자를 대하는 것이 아니라 한 사람의 인간으로 환자를 대하는 태도를 갖는 것이 그들의 일과 상관이 없을 수 없다. 오랫동안 돌봐온 사이라면 친근함, 즉 업무외의 관계가 생겨나기 때문에―차츰차츰 먹혀들거나 실패하고, 천천히 걸을 수 있게 되는 등, 서서히 잠식해 가면서 같은 시간 안에서 사는 경험을 공유하기 때문에―마지막에 사람이 살고 죽는 결과가 나오면 마음이 편치 않을 수밖에 없다.

단어 'sympathy'는 보통 '동정'이라고 번역되지만, 이것은 원래 '괴로움을 함께 나눈다.'는 의미다. 타자의 고통을 부분적으로 자신의 것으로 받아들이는 행위를 가리킨다. 슬픔이나 기쁨을 스스로도 갖고 있어야만 한다. 이것은 여러 환자들과의 관계에서 더욱 빈번하게 발생한다. 보통 사람이라면 인생에서 단 한 번도 일어나지 않을 수도 있는 일이지만 말이다.

인생의 중요한 경험은 몸에 기억되는데, 그 기억은 좀처럼 지워지지 않는다. 그리고 이런 경험을 보통 사람의 수십, 수백 배 정도 경험하기 때문에 스트레스를 이겨낼 수 없는 것이다. 피곤하지 않을 수 없다. 그래서 아프다고 바로 말할 수는 없지만 점점 더 피폐해지고 휴식을 필요로 하게 된다. 간호사는 이렇게 심신이 흔들리는 진폭이 크고,

빈도가 잦으며, 스스로 느끼는 것 이상의 피곤함을 가슴 속 깊은 곳에 묻어두고 있다.

반복해서 말하자면, 간호라는 업무를 맡은 사람이 피폐해지는 이유는 당연히 일이 어려워서이기도 하지만, 보통 사람들에게는 아주 가끔씩 밖에 일어나지 않는 감정의 격한 흔들림이 하루에도 몇 번씩 찾아오기 때문이다. 다른 사람의 죽음과 탄생, 입원의 쇼크와 퇴원의 기쁨. 하나의 감정에 한창 취해가는 도중에 그와 반대되는 감정으로 다시 한 번 크게 동요된다. 화가 나 있는 상태였는데 바로 다음 순간에 눈물을 펑펑 쏟게 된다. 이런 '존재의 흔들림'에 휘청거리다가 툭하고 줄이 끊어지고 마는 것이다.

인생의 행복과 불행이 끊임없이 교차하는 장소, 그리고 환자의 일상과 간호를 맡은 쪽의 일상이 뒤집히는 장소, 이렇게 전환이 일어나는 현장이 임상의 장소가 되면, 간호를 직업으로 삼는 사람은 언제나 일상과 비일상이 전환되는 그 이음매에서 있을 수밖에 없다. 그곳은 직업으로 분리되지 않는 장소다.

간호 일은 맡은 바에 최선을 다할 수 없다는 모순, 얼굴(감정)을 가진 한 사람의 개인으로 타자와 접하는 직업이라는 깊은 모순을 갖는 업무다. 다른 사람을 돌보는 업무로써 그 고단함을 가진 채로 개인 생활에 돌아갈 수 없는 직업이다. '완전 연소'는 이 장소에서 일어난다. 이와 같이 모두 불태워 연소되지 않게 하기 위해서는 역시 케어 대상과의 사이에 일정한 거리가 있어야만 한다. 대상과 일체화하지 않고 '끊어야 하는 곳에서 끊어버린다.'는 거리 감각이 필요하다.

　케어가 케어로 남을 수 있는 것은 어떤 목적과 효과를 계산해서 넣지 않는, 즉 의미를 부여하지 않고 조건 없이 '함께 있는' 일, 히로이 요시노리가 말한 '시간을 주는' 일 안에서다. 그러나 역할을 넘어선 관계에 들어서는 일과 대상과 거리를 유지하는 일은 도대체 어느 정도 조정할 수 있는 것인가. 이렇게 우리들은 마지막으로 '환대'의 의미를 묻지 않을 수 없게 된다.

8

호모 파티엔스

(homo patiens, 고뇌하는 인간, 고통 받는 인간)

과정을 함께하는 일, 어떤 목적도 없이 함께 걷는 일,
이렇게 어슬렁어슬렁 걷기의 의미를 길 위에서 생각해 내는 것,
거기에 '듣기의 철학'의 길이 있다.

케어와 그 '장(場)'

나는 앞서 '무엇을 위해서?'라는 질문이 실효를 거두는 곳이야말로 케어가 이뤄지는 곳이 아닐까 하고 물음을 던졌었다. '만약 내가 여차저차 한다면'이란 조건을 달고 돌봐주는 것이 아니라 '내가 거기에 있으니까' 단지 그 이유만으로 받아들이는 돌봄, 그것이 케어가 아닐까 했다.

　여기서부터 '받아드리는' 경험이 개인의 인생에서 가지는 의미에 대해 생각해 봤다. 그리고 어느 노인 복지 시설에서 근무하는 담당자의 짧은 멘트에 이끌려서, 누군가를 위해 그 장소에 특별한 조건 없이 함께 있는 일, 또는 '타자의 고통에 무관심해 질 수 없는' 마음이 타자에게 어느 정도 힘이 될 수 있는가를 검증해 보았다. 그리고 '죽음을 맞이할 때 케어의 본질은 목숨을 연장하는 의료 행위여야만 하는가, 아닌가. 어디에서 맞이해야 하는가 하는 문제가 아니라 숨이 멎는 순간을 누구와 맞이하는가의 문제다.'가 그 담당자의 의견이었다.

나는 이 문장을 포함해 앞서 서술한 내용을 대학 세미나에서 발표하고 그 내용을 모두에게 검토 받았다. 내가 모두에게 던진 질문은 7장의 마지막에 남겨 둔 그 질문이었다. 즉 역할을 넘어선 무조건적인 존재는 친밀한 존재가 아니라 '끊어야만 하는 곳은 끊어버린다'는 거리 감각을 전제해야만 가능하다는 것이다. 간호사의 경우도 역할을 넘어서 한 사람의 '얼굴'을 가진 개인으로서 옆에 있는 것, 거리를 갖고 대단히 의식적인 작업을 하는 것이 진심으로 환자와 동행하는 방법이 아닌가 하는 문제였다.

다음 토론은 오사카대학 인문학부 학생이 기록한 〈임상철학 세미나〉 속기록을 근거로 재구성한 내용이다.

W: 나는 이전에 레잉이란 정신과 의사의 말을 인용한 적이 있어요. 차 한 잔을 대접하는데 그게 누군가를 위해서, 무언가를 바라서도 아니고 단지 누군가에서 차 한 잔을 주는, 그 이상도 이하도 아닌 행위로 케어를 본질을 느낀 기분이

되었는데…….

A: 정말 작은 일일 뿐인데, 이 '순간'에 만족감을 느낀 이유가 뭘까요? 이거는 머리로는 이해해도 실제로 너무 어려운 것 같아요. 계속 보고는 있는데도 달라붙지 않는다는 건가.

B: 지켜본다는 말이랑 비슷할 지도 모르겠네요. 요즘 간호복지사의 국가고시 문제를 보고 있는데 놀랄 만한 게 있었어요. 간호기술의 기본은 '안전, 안락, 효율성'이라고 적혀 있더군요. 얼마나 효율적이고 안전한가, 이게 기술입니다. 간호는 이것이 전부입니다. 환자가 완쾌할 수 있도록 쓸데없이 움직이지 않는 것이, 간호와 균형을 이루는 거예요. 간호 기술의 원형은 노인을 중심으로 만들어졌기 때문입니다.

예를 들어, 혼자서 침대에서 일어나려고 할 때는 '지켜보고', 함부로 손을 내밀지 않습니다. 상대방을 주체적인 능력을 중시해서 '하지 않'는 입장을 취하는 거예요. 이것은 '해 준다'고 하는 도움이 필요한 부분을 보조, 보완하는 간호와는 입장차가 있어요.

이런 간호와 돌봄, 보살핌을 하나로 묶어서 케어에 범주 안에서 논하는 것이 올바른 것일까요?

C: 호텔, 병원, 호스피스, 클럽 주인. 이들을 모두 '접대업'에 종사한다는 것도 책에서 보고 알았습니다. 괴로워하는 사람, 몸과 마음이 피폐한 사람, 축 처져 있는 사람을 '위로하

고, 격려하며, 배웅한다.' 하지만 이런 일은 전부 주부들이 오랫동안 해온 일이네요. 임상철학이란 이것을 철학까지 끌어올리려고 하는 것입니까?

W: ……

D: 지금 말하는 케어란 것은 극히 일상적인 행위들이네요. 예를 들어 아이들이 넘어져서 울고 있을 때에 이 정도면 괜찮다고 판단하고 일어설 때까지 기다리기도 하고, 넘어진 게 좀 위험하다 싶으면 바로 일으켜 세워주는 경우도 있습니다. 그 방법도 그 사람에게 손을 내밀까, 말까는 다양한 레벨이 있기 때문에 케어라고 해도 기본적으로는 자신의 기분이 그 사람을 향한다, 아니면 그 사람에게 마음을 쓰고 있다 정도로 밖에 말할 수 없지 않습니까?

B: 굉장히 어려운 이야기네요. 하지만 기분이 상대방을 향하고 있다는 사실을 알고 있는 것은 본인밖에 없군요. 곁에서 지켜봐도 바로는 알 수 없고. 그것만이라도 괜찮은 것인가. 그렇게 생각됩니다. 자신의 마음이 상대방에게 가는 것이 케어의 가장 기본이라고 잘라 말해 버리면, 어떤 사람의 행위가 케어인가, 아닌가의 문제가 케어하는 쪽 사람밖에 모르는 일이 되어 버리는군요.

E: 다른 사람의 '눈에 띔'을 떠받치는 케어에서는 지나치게 마음 쓰는 일이 하나의 포인트가 되는 듯한데요, 만약 케어

를 받는 사람이 그 일에 신경을 쓰게 되는, 즉 상호확인에 의해 케어가 완성되는 경우는 없는 겁니까?

W: 기분이 완전하게 다른 사람에게 쏠린다는 것은 연애와 마찬가지로 가장 확실한 감정입니다. 단지 마음이 도달하는가, 공중에서 분산되어 버리는가를 확인할 수 없기 때문에 더 괴로워하는 것입니다.

B: 그런데 케어를 받기만 하는 측, 사랑을 받는 쪽이 심하게 우울함으로 가득 찬 경우가 있는 거군요.

F: 정말로 큰 실례를(웃음)

D: 케어란 단어를 번역하는 것도 어렵네요. 돌봄, 배려, 간호……. 어떤 단어도 케어를 한 마디로 나타낼 수가 없어요.

A: 너무 돌아가는 말이긴 한데요, 애초에 간호와 보살핌이란 것을 확실하게 구별할 수 있을지 모르겠어요. 사람은 누구나 자신을 케어할 능력을 갖고 있지만, 그 셀프 케어가 커버할 수 있는 부분을 보충(follow)해 주는 것을 간호라고 이야기할 수 있습니다. 그렇게 보면, 원래부터 갖고 있는 머리카락을 빗거나 청결하게 유지하도록 하는 기본적인 욕구를 스스로 적절하게 만족시킬 수 있다면 충분한 케어라고 볼 수 있지 않을까요. 이것이 셀프 케어. 지금까지 모두가 말한 케어와 관련하여 살펴보면 셀프 케어의 개념이 케어에서 보다 핵심적인 개념이지 않습니까?

W: 셀프 케어의 케어, 이것을 직업으로 갖고 있는 분을 '임상철학'은 또 다른 시각에서 케어하려고 하고 있을 뿐이다? 케어의 케어에 대한 케어. 케어의 케어는 임상(현장)에 때마침 존재하는 '임상철학' 입니다.

퍼뜩 생각나는 내용인데, 여름에 스님께서 참배하러 가셨을 때에, 어머니가 뒤를 돌아보고는 스님에게 부채질을 해 줬습니다. 그런데 부채가 너무 작아서 아내가 더 큰 것을 찾아 어머니께 건넸습니다. '그것을 얼핏 보고 나는 눈을 불단으로 돌리고 생각했습니다. 그 안에 있는 불상은 지금 저 스님께 배려를 받고 있다. 완전히 케어와 같군. 태어나서부터 꽤 오랜 기간을 보호자에게 보살핌을 받지 않으면 살아갈 수 없는 것은 인간 뿐이다. 또 인간만이 젊은이가 나이든 사람을 역시 오랜 기간 동안 모시며 산다.' 이런 의미에서 케어는 인간이란 존재에게 핵심적인 의미를 갖고 있다고 말할 수 있겠어요. 그래서 지난 토론 때 말했습니다. 그때 지인인 고릴라 연구자에게 이것을 물었습니다. '고릴라는 인간 같은 케어는 하지 않지?'라고. 그러자 그 친구가 아주 흥미로운 이야기를 들려주었습니다. '내가 본 몇 가지 예에 지나지 않지만' 이라고 운을 떼면서 늙은 고릴라가 죽을 때가 돼서 눈이 안 보이면 다른 고릴라들이 모두 그 주변에 모여서 한 달 정도 옆에 붙어서 생활한다고 하더군요. 그리고 집단으로 이동할 때도 앞이 보이지 않는 그 늙은 고릴라를 돌보면서 앞장 세웠다고 합니다. 마치 자존심을 지켜주는 것 같이 보였다고 그 연구자는 말했습니다. 자 그럼, 우리의 케어를 통해서 무엇을 지켜주려고 하는 것일까요.

C: 그것은 일반화해서 말하기 어렵습니다.

A: 아기가 우유를 마실 때도 그렇습니다. 우유를 마시고 있는 행위는 엄청난 에너지를 필요로 하기 때문에, 주룩주룩 멋대로 우유가 흘러나오는 젖병을 좋아하는 아기들도 있습니다. 하지만 아기들에게 이렇게 마시는 방법이 행복하다고 일률적으로 말할 수 없는 것이지요.

W: 그것도 그렇군요. 온도가 낮아서가 아니라 시간이 없어서 천천히 삼키는 게 불가능하다든지, 엄마가 급했다든지, 여유가 없이 줬다든지, 이런 일들을 포함해서 우유를 거부하는 경우도 있군요. 이런 의미에서 여기에서는 인간 단체의 생리적 욕구가 아니라 오히려 개체를 둘러싼 관계가 문제가 됩니다. 그러면 다른 사람과의 관계가 케어하는 사람과의 관계에 부정적인 영향을 주는 경우도 많다고 할 수 있겠군요.

B: 이야기가 조금 복잡해지네요. 그러면 케어를 일대일의 모델로만 생각하는 것은 조금 무리일지도 모르겠군요.

W: 그렇게 말하는 자네도 전에 알코올중독이 문제가 되었던

적이 있지 않은가. 그때 돌아와서 현관에서 잠들어도 괜찮다고 말하는 가족과 무언가를 이야기해도 제대로 알아주지 않는 가족에게는 괴로움 그 자체가 다르다고 말하지 않았나.

C: 공간으로서의 케어라고 할까요. 나는 아무것도 섞이지 않은 일대일 모델을 느슨하게 만들 필요가 있다는 생각이 드네요.

W: 케어를 직업의 차원에서 생각할 때, 바로 사람을 대하는 공공 서비스나 서비스업이 화제로 떠오릅니다. 나는 어떻게 이것이 가정에 받아들여지는가, 공공기관의 치료 시설이나 상업적 서비스 시설에 위탁할 것인가 하는 양자택일이 되는 것이 매우 이상하게 느껴집니다. 그 사이에는 다양한 방법이 있습니다. 근처에서 돌봐주거나 그룹 홈을 만드는 방법 등이 있습니다. 가정과 상업적 시설 사이에 중간적인 장소라고 할까, 커뮤니티 사이즈라고 불러야 할 케어의 장이 있을 수 있다고 생각합니다.

B: 민간 데이서비스(day service, 일본 신조어로 특수 시설을 갖춘 양로원의 시설을 이용해 장애를 가진 노인들에게 서비스를 제공하는 사업)군요. 그룹 홈이나 민간 재택 케어 등은 목욕을 돕거나 식사를 배달하고, 배웅하는 것까지도 인가나 보조금의 문제가 나올 정도로 까다롭습니다. 게다가 무언가를 호소하

면 갑자기 태도가 돌변하는 무법자도 등장하고 있습니다. 최근에도 길을 오가다 보면 '홈ㅇㅇ'라고 간판을 단 시설들이 보이는데 대부분 보통 가정집이었습니다.

그래도 나는 여기에서 한 가지 가능성을 보았습니다. 예를 들어, 그룹 홈의 경우에 치매 노인끼리의 관계가 상당히 좋아집니다. 치매 노인들은 다시 보면 돌봄을 받는 사람이란 상황에서 시설에 입소될 뿐이지만 그룹 홈에서는 두 명 정도 되는 간호사가 예닐곱 명의 노인들을 맡고 있습니다. 그래서 노인들끼리 하는 일이 많은 거죠. 차를 타기도 하고 흥얼거리면서 얼굴을 정돈해 주지요. 이유는 모르겠지만 흥얼거리면서 노인들끼리 청결하게 해 주는 케어를 잘합니다.

D: 그런데 그룹 홈이 특별히 알츠하이머에 걸린 사람들에게 효과가 있는데 알츠하이머를 앓고 있는 사람들끼리가 아니면 안 된다고 들은 적이 있습니다.

K: 그런 장소에서 케어나 커뮤니티를 조성함으로써 얻을 수 있는 장점들에서 재미있는 의견이 나올 수도 있습니다. 치료란 것이 원래 옛날에는 열이 나면 어떤 잎사귀를 달여 마시던가, 치통이 생기면 어떻게 대응한다던가 하는 사람들끼리의 상호치료였기 때문이지요.

이렇게 논의가 점점 무르익어가고, 참가자들 모두 밤도 잊은 채 이야기에 열중했다. 이후로는 사람은 정말로 다른 사람의 고통을 느끼지 않고서는 살아갈 수 없다는 이야기로 논의를 확장했다. 내가 '나 자신'으로 존재하기 위해서 상호 케어의 관계에 들어서는 것이 정말 불가피한 것인가에 관한 토론으로 주제가 옮겨가는 시점에서 다음 토론을 기약하게 되었다.

환대의 법칙

마지막으로 꼭 다루고 싶은 것은 서두에 내걸었던 '거리'의 문제다. 후하게 맞이하는 일, 환대하는 일(hospitare), 들어주는 일, 그리고 거기에 생겨나는 '거리'의 성질이다. 웬일인지 여기서도 차 한 잔이 '실마리'로 등장한다.

첫 번째 에피소드)
처음 봤을 때의 이미지와 상태(음색)를 떠올려 보면, 암만을 내려다보는 지역에서 만난 제이벨 후세인은 네 명의 팔레스타인 여성 중 한 명이었다. 네 명은 모두 주름투성이의 노인들이었다. 그녀들은 검게 그을린 아궁이 주위에 쪼그려 앉아 있었다. 아궁이라고 해 봤자 그냥 검은 돌 두세 개 위에 알루미늄 주전자를 올려놨을 뿐이었다. 그녀들은 나에게 앉으라고 권하며 미소를 짓고 있었다.

"우리는 우리 집에 있을 뿐이야. 아 근데 차 한 잔 마실래?"

"우리 집이라고요?"

"그렇다니까.(웃음)"

"뭐 불을 피우려고 해도 자갈밖에 남지 않지만. 우리 오두막집은 누가 불질러버렸어."

"누가?"

"후세인이 그랬어. 프랑스에서 왔다더군. 그런 나라는 아랍을 지지하잖아. 그래도 후세인이랑 아랍은 구별하는 건가?"

이 자리에서 후세인 때문에 그녀들이 어떤 운명에 처했는가에 대해서 꽤 활발한 논의가 일어났다. 그녀들은 불행에 빠져서 우울했지만, 언제든지 그와 싸울 수 있는 마음가짐을 하고 있었다.

장 주네, 《제이벨 후세인의 여자들》

시인이자 소설가인 장 주네가 미사일 투하로 전멸하다시피 한 팔레스타인 캠프를 방문했을 때 남긴 기록이다. 아무리 생각해도 기묘한 대접이 아닐 수 없다. 폭격 때문에 땅에서 쫓겨나고, 작은 오두막집마저도 불타버려서 남은 것이라고는 3개의 검은 돌과 알루미늄 주전자뿐인 '집'에 주네가 초대를 받은 것이다.

이 글을 옮긴 우메키 타츠로는 그 책 안에서 '아무것도 가지지 못한 사람에게 받는 환대 경험'을 다음과 같이 설명한다. '다른 캠프에서도 주네는 팔레스타인 여성들에게 몇 번이고 차와 식사를 대접받았다. 음식을 내 주고 자신들은 먹지 않았다. 이슬람교도들은 밤에 음식을 먹을 수 없기 때문이다. 그것이 가족, 내부의 법이다. 하지만 그 법을 제쳐두고 외부인인 주네를 손님으로 맞이했다. 손님이 방문 지역의 룰을 따르는 것이 아니라, 오히려 손님의 존재가 우선적으로 중시되었다.'

이런 의미에서 환대의 경험이란 어떤 유보나 조건 없이 자신이 다른 사람에게 받아들여지는 경험이며 '내부의 룰에 동화되어야만 받아들이는 행위와는 아주 정반대의 경험'인 것이다.

두 번째 에피소드)

여자 세 명이 이야기하고 있길래 더듬더듬 인사를 건네자, 다섯 명의 여자들이 몰려 와서 일고여덟 명의 무리를 이룬다. 나는 팔레스타인 여의사 나비라의 곁에 있었는데, 점차 내 존재 자체를 눈치 채지 못하는 상태가 되고 말았다. 5분 정도 흐르자 나는 어느새 팔레스타인 여성 한 명의 집에 들어가서 차를 마시게 되었다. 차는 구실일 뿐이고 햇빛을 피해 서늘한 방에서 계속 수다를 떨기 위해서였다. 여자들은 우리 두 명을 위해서 모포 한 장을 펼치고 거기에 쿠션을 두세 개 쌓아주었다. 모두 서서 차나 커피를 타고 있었다.

어느 누구도 나에게 말을 걸지 않았다. 단지 나비라만이 옆에 내가 있다는 사실을 기억해서 내 앞에 작은 유리잔을 내주었다. 이야기는 아랍어로 주고 받았다. 나의 이야기 상대는 내 주변의 벽과 화로에서 나오는 연기로 하얗게 변한 천장뿐이었다. 내가 처한 상황은 내가 그동안 알고 있었던 아랍권 국가들의 이미지와 일치하지 않았다. 그래 나는 남자고 아랍 여성들의 모임 안에서 남자라고는 나 하나뿐이지 않는가. 모두가 뒷면을 살펴보면 내가 생각하던 동방의 이미지를 나타내고 있었다. 그런데 이 여자들 가운데 셋은 결혼을 했는데, 모두 한 남자의 아내였다. 나는 여자들과 나비라 사이에서 오고가는 말의 파도를 막고 그녀에게 통역을 부탁했다.

"여러분 모두 기혼자군요. 부군들은 어디에 계신가요?"

"산에 있어!"

"전쟁 중이야!"

"우리 쪽 캠프에서 일하고 있어!"

"우리도"

"만약에 부군과 연락하는 중에 어떤 남자 한 명이 여러분과 같이 있고 자신의 쿠션과 모포 위에서 잠을 잤다는 사실을 안다면 뭐라고 말할까요?"

여자들 모두 갑자기 웃음을 터뜨렸고 그중 한 명이 나에게 말했다.

"당연히 알게 될 걸. 우리가 알려 줄거니까요. 당황하는 걸 보고 우리는 엄청 웃을 거야. 우리 전사님들을 엄청나게 놀려 줄 거니까. 그쪽은 아마 분을 삭이고 애들과 노는 척하겠지요."

장 주네, 《사랑의 포로》

남편이 집을 비운 집에 들어가서 여성들 사이에서 쿠션을 베고 누워있는 것은 공동체의 룰에 의하면 용서받을 수 없는 행위다. 그러나 여기에서는 '웃음과 함께' 법을 초월한다. 아랍어로 하는 대화를 알아듣지 못해서 혼자 남은 주네가 통역을 붙여서 이야기에 참여하자 그는 순식간에 화제의 중심에 섰다. 그때 그는 여자들이 사실 처음부터 마음속 깊은 곳에서부터 자신을 환영하고 있다는 기분이 들었다. '눈치 채지 못한 척'을 하고 있었을 뿐이다. 여자들은 자신들의 법 안에서 주네를 외톨이로 만든 것이 아니었다. 거기서 이미 환대가 성립되었다.

같은 이야기를 손님에게도 적용할 수 있다. 환대를 둘러싼 우메키의 해석은 이 대목에 주목한다. 손님이 스스로 동일성을 닫아버리고 있으면 환대는 일어나지 않는다. 상호적이지 않으면 환대는 순식간에 동화가 배제로 전환될 수도 있다. '받아들여지는 사람은 받아들이는 사람이지 않으면 안 된다. 이것이 환대의, 그리고 사랑의 룰이다.' 다른 사람과의 '우연한 만남'은 자기 자신이 동일성 밖으로 나올 준비가 되어 있다는 뜻이다. 지켜야만 하는 동일성이 없는 것(=빼앗긴 것, privé), 즉 재화(소유물 propriété)도 고유성(propriété)도—말할 것도 없이 재화는 타자성(eétrangeté)의 대립 개념—소유하지 않은 것, 이것이 다른 사람에게 오픈되기 위한 조건이 된다.

주네에 의하면, 아무것도 가진 게 없는 것이 오히려 다른 사람의 바람에 즉각적으로 대응할 수 있게 해 준다. 정주할 장소도 지속적인 인간관계도 가질 수 없는 사람은 다른 사람에게 내줘야 할 것을 하나도 갖고 있지 않다. 아무것도 없다는 그 홀가분한 기분을 제외하고는. 그런데 없다고 하는 것이야말로 다른 사람을 뜸들이지 않고 받아줄 수 있게 만드는 것이다. 주네는 자신이 다른 사람에게 환대받은 사실을 무제한으로 받아들이는 동시에 다른 사람을 환대한다.

장 주네, 《사랑의 포로》

고유한 장소가 없는 비−장소, 비−고유의 장(場)인 상태, 고집해야 할 모든 동일성(=특성, 이것도 propriété란 단어로 표현)을 갖지 않는 존재, 이 사회 안에서 특정 위치를 차지하지 않는 존재다. 이 존재는 의외로, 아니 당연하게도 젊은 마르크스가 그렸던 프롤레타리아의 모습과 겹친다.

> 시민사회 계급은 존재하지만 시민사회의 모든 계급에 속하지 않는 한 계급, 이미 자신을 해체해 버린 한 계급, 보편적 노동을 통해 보편적 성격을 갖고 무언가 특정한 부정이 아니라 부정 그 자체를 받기 위해서 어떤 특유한 권리도 욕구하지 않는 계급, …(중략)… 그리고 결국 자신 이외의 그 어떤 사회층에게서도 자신을 해방하려고 함과 동시에 자기 자신 외의 어떤 사회층을 해방하려고 하지 않음에는 자신들을 해방할 수 없는 한 계층, 한 마디로 말하면 인간의 완전한 상실이며, 그에 따라서 인간의 완전한 호복에 의해서만 자기자신을 획득할 수 있는 한 계층, …(중략)… 사회의 이런 해체를 체현한 특정 개인, 그것이 프롤레타리아다."

> 칼 마르크스, 《헤겔 법철학 비판 서설》

동일성 밖으로 나올 준비, 핵심은 아마도 그것이다.

호모 파티엔스

여기서 동일성을 빼앗김으로써 가능해진 '환대'의 문제와 '임상철학'의 이념이 맞부딪히는 지점은 '셀프 케어'와 '케어의 케어', 다른 사람의 셀프 케어를 케어하는 사람이 감당할 수 있는가를 묻는 '임상철학', 이 세 가지 사이에서 '케어'의 개념을 뛰어넘는 지도 모른다.

빅토르 프랑클(Viktor E. Frankl, 1905~1997)이, 혹은 나카무라 유지로(中村雄二郎, 1925~)가 제시한 '호모 파티엔스(homo patiens)'의 개념은 이런 예상을 포함하고 있는 개념이다. '괴로워하는 사람'을 뜻하는 호모 파티엔스는 받아들이고, 피해 입고, 괴로워하며 녹아든다는 의미를 가진 라틴어 동사 'patior'에서 나온 단어다. 서양 사상가들은 사상이 종종 외부 세계의 대상들의 움직임에 의해 변한다고 생각했다. 빅토르 프랑클은 〈호모 파티엔스〉(1951)란 제목의 논문에서 '이성적 인간'에 대해 '고뇌하는 인간'을 대치시키고 있다. 아울러 이성적 판단을 하는 사람 이전에 고통받고, 고뇌하는 사람이 있다고 밝힌다.

이렇게 평온하게 이야기를 꺼냈다. 사람이란 존재는 가장 깊은 곳에 '고통(passion)'이 있는 '고뇌하는 인간(homo patiens)'이다. '살아가는 것(Lebewesen)은 고뇌하는 것(Leidewesen)'이 아니라고 말했던 프랑클의 말장난이 떠오르기도 한다.

한편, 나카무라 유지로는 지금까지 많은 저서들을 통해서 제시한 바와 같이 행위(능동)으로써의 지혜—사물을 대상화하는 지혜, 그리고 그 대상을 제어하려고 하는 조작형 지혜—에 반대되는 형태로 '격정(pathos)의 지혜', 혹은 '임상의 지혜'라 바꿔 말할 수 있는 '열정(passion, 수동)의 지혜'를 제시했다. 나카무라는 신체나 생명, 자연 환경에 대해서 조작적인 관계만 맺으려고 하는 현대사회에 대한 깊은 반성 속에서 대상화시키는 지혜, 조작화하려는 지혜가 아니라 상호보환적인 소통(interaction/interpassion) 안에서 움직이는 지혜다.

수동과 수용이 갖는 긍정적인 힘, 그것을 나 역시 인간에게 본질적인 힘을 준다고 생각하며 그것을 지금까지 '듣기의 힘'으로 검증하려고 해 왔던 것이다. 이것은 사실 또 다른 한 가지, 별도의 모티프도 있었다.

'듣기'를 철학하는 것이 아니라 '듣기'가 그대로 철학의 길이 되는 철학을 구상하고 있다. 철학을 '반성의 학문'으로 정의 내리는 것이 아니다. 말하자면 '쫓아가는 사람으로서의 행위', 혹은 '자신이란 존재를 중심에 두지 않는 사고'라 말하고 싶다.

이렇게 말하는 배경에는 자기만족조차 할 수 없는 '나'라는 주체가 자리 잡고 있다. 자신을 하나의 존재로 받아들일 수 없는 존재, 스스로 본인의 근거를 줄 수 없는 존재로 살아간다는 확실한 감촉이 있다.

'나'는 자기 자신의 힘으로 태어난 것도 아니고, 누군가 옷을 입혀 주고 음식을 먹여줬으니까 살 수 있었다. 또 인간의 역사 안에서 달성한 일정 수준에 의해 그 개인의 삶이 시작된 것이고, '나'라는 단어를 사용함으로써 나는 내가 되었다. 그리고 특정한 '누군가'로 타자에게서 부름을 받을 때는 그것에 응할 수 있는 '나'의 특이한 성질이 지금까지 주어졌다. 게다가 무엇보다 무덤에 들어가는 것조차 '나' 혼자서는 할 수 없다.

그리고 또 한 가지, '환대'의 개념이 있다. '손님이 없는 주인 측에서는 환대의 본질을 얻어낼 수가 없다. 환대의 본질은 어디까지나 방문하는 손님을 둘러싸고 규정된다.' 앞에서도 인용한 《환대의 유토피아》의 저자 쉐러는 이렇게 말한다. 환대란 '손님'을 맞아들이는 사람이 그 동일성에서 탈피할 수 있게 되는 것이다.

'손님'이 아니라 어디까지나 '손님을 맞이하는 사람'이 대상이다. 손님을 맞이한다는 것은 손님을 본인과 동일시하는 것이 아니라 자신을 서먹한 것으로 이질화시키는 행위다. 바꿔 말하자면, 환대는 동일성 대한 고집, 즉 무언가에 대한 귀속에 구애됨을 내던지는 상황에서 성립되는 것이다. 어떤 장소, 특정한 의미를 가진 공간 안에 있는 위치, 그곳에 귀속되는데 무관심해지는 것. 자기동일성보다도, '우리의 룰'보다도 손님의 존재가 우위를 점하는 인연이 '환대'라고 정의할 수 있다.

'타자에게 생성되지 않으면, 타자에게 승인받는 것은 결국 공허한 말에 지나지 않는다.' 이런 관점에서 보면 환대는 세상을 본인 쪽에서 바라보고, 자신의 근처로 끌어들이는 삼투성에 대한 저항하는 개념으로 존재한다. 나는 자기 자신 안에 틀어박혀 있을 수 없다. 이름을 가진 '누군가'로 불려나가면서 나는 '나 자신'이 된다. 따라서 나의 고유성이란, 내가 내 안에서 꺼내서 보여주는 것(내가 가진 능력, 성질과 속성 등의 고유한 것들)이 아니라 다른 사람에 의해서 불릴 때 확증된다.

이것은 이미 케어하는 사람, 나아가서 케어하는 사람을 케어하고자 하는 사람(임상철학을 시도하는 사람)에게도 모두 들어맞을 것이다. 이렇게 해서 '임상철학'은 시작부터 타자 사이에 존재하게 된다. 고유한 이름을 가진, 특이한 타자 사이에.

이것은 하늘에 붕 떠 있는 듯한, 관여하지 않는 사고가 아니라 스스로를 바꿔가는 사건이다. 이 대목에서 '철학이란, 철학하는 그 자신의 단서(commencement)가 끊임없이 새로워져 가는 경험'이라고 말했던 메를로 퐁티의 주장이 새롭게 다가온다. 여기서 문제는 케어를 할 때, 혹은 케어의 케어를 할 때 케어 하는 사람과 케어 받는 사람의 '특이성'이다. 이것은 누구라도 할 수 있는 교환 가능한 역할이 타자에게 환원할 수 없는 특정한 역할로 작용할 때, 철학의 걸림돌이 됨을 의미한다.

> 언어의 관계는 소환과 호격을 본질적 요소로 한다. 말 걸기가 어렵다고 다른 사람에게 이야기하려 해도, 다른 사람을 환자로 분류하려고 해도, 그에게 사형을 선고하려고 해도, 소환되기가 무섭게 타자는 이질적인 존재가 된다. 또 견지되고, 상처 입으며, 능욕당하는 동시에 '존중' 받는다. 소환된 사람은 나에게 이해받는 대상이 아니다. 즉 그는 일정한 범주 안에 속하지 않는 존재다. 소환된 사람이란, 내가 말을 걸어야 하는 상대다. 그는 자기 자신에게만 준거하지 않고, 그 때문에 이런저런 존재로 동정 받지도 않는다.
>
> 엠마누엘 레비나스, 《전체성과 무한》

타자를 카테고리에 넣어 부르는 것이 아니라 그의 이름을 부르는 일, 그것이 타자를 맞아들이는 작업이다. 타자에게 나 자신을 여는 것이다. 타자는 어떤 의미로 대상화되어 얻을 수 있는 존재가 아니다. 따라서 의미에 따라 분류될 수도 없다. 분류란, 그 존재를 교환 가능한 대상으로 인식하는 것이다. 그러나 레비나스는 인간을 교환 가능한 대상으로 보는 시각, 그것이야말로 '근원적인 불경'이라고 딱 잘라 말한다.

그렇다면, '환대'야말로 각각의 존재의 다른 무엇과 바꿀 수 없는 특이성(singularity, 근원적인 단수의 성질)을 지탱하는 것이 된다. 그리고 환대를 받은 개인의 특이성이 맞이하는 개인의 특이성을 지탱하게 된다. 환대하는 사람이 환대 안에서 환대받는 사람이 되는 것이다. 환대(hospitality)의 어원은 라틴어 'hospes'에 있다고 앞에서 서술했었다. 그런데 그 hospes가 '환대받는 사람'과 '환대하는 사람', '손님'과 '주인'의 양면을 의미하고 있음은 이런 점에서 이유를 찾을 수도 있겠다. 케어하는 사람도, 케어의 케어라는 형태로 케어에 철학을 투입하고 연관 지으려는 사람도 거기서 각각의 '나 자신'을 내걸고 있다.

애초에 '손님=이방인'이란 등식이 성립하기 때문에 '환대'하지 않으면 안 되는 것이다. 여행객은 어떤 장소에 귀속됨에 연연하지 않는 자유를 가지기는 하지만 동시에 하룻밤을 머물 장소를 필요로 한다는 점에서 참으로 비참한 존재다. 여기 말고 다른 지역에서는 머물 자리가 없어 이곳에 방문했다는 의미에서는 (쉐러도 말한 바와 같이) '도움을 바라는' 사람이 '손님'이라는 극단적인 형태로 나타나는 것이다. 이때 손님은 '모든 것을 잃은 것도 모자라 무방비한 상태'로 등장한다.

앞서 이야기한 환대의 의미를 떠올려보면 타자의 고통을 느끼지 않을 수 없고, 타자의 고통에 무관심할 수 없는 상태(non-indifférence)가 인간의 '상처입기 쉬운 성질'로서 주어진다. 그리고 이것이 'vulnérabilité'란 개념이 '환대'의 개념과 결부되어야만 한다는 것이 쉽게 예측된다. 이 장에서는 이것과는 조금 다른 각도에서 레비나스의 말을 통해 살펴보도록 하겠다.

이방인은 다른 장소를 갖고 있지 않다. 이방인은 토착민이 아니다. 고향이 없는 비정주민이기에, 계절에 따라 추위와 더위에 노출된다. 나에게 의지하는 것 이외에는 다른 방법이 없다. 그야말로 그가 가지는 무국적성이며 이방성이다. 그의 무국적성 내지는 이방성이 나에게 부과되는 것이다.

엠마누엘 레비나스, 《전체성과 무한》

타인의 이방성(étrangeté)이 나에게도 부과된다고 하는 표현이 중요하다. 이때 사람은 이미 자신을 일반적인 존재로 인지할 수 없기 때문이다. 누군가에게 부름을 받은 존재인 '나'의 특이성은 이미 그렇게 불리는 자기 자신에게서 눈을 뗄 수 없게 된다. 여기서 자신을 예로 들어 '주체'로 일반적인 존재로 인식한다고 하면, 그때 '나'는 타자에게 책임을 떠넘기게 된다. 부름을 받는 것, 이것은 '나'의 동일성이 흔들리는 일이며 '이방인이 되어 집에서 쫓겨나는 것'이다. 이때 타자와의 조우는 재차 예측이나 선택할 수 없는 경우뿐이며, 우연히 벌어지는 일이다. 스스로 타자를 선택할 수 없고 그저 타자와 우연히 만나는 일, 이런 우연성 안에서 '환대'라는 관계가 생성된다. 스스로가 만나는 다른 특이한 존재가 아니라 '나'의 특이한 존재로 있을 수 없다는 점, 이 것의 의미를 깊이 파고들 필요가 있다.

이 존재가 특이성을 가진 것은 동일한 것에 함께 주어지는 성질과 자기 동일화에 의해 얻을 수 있는 이른바 '합일'의 공동성 안에 그 존재 자체가 회수되지 않는 것을 말한다. 개개의 존재란 하나의 과잉이며, 서로를 비춰주는 거울과 같은 관계로 환원될 수 없다. 그렇기 때문에 환대의 독자적인 친밀성을 가족애와 동포애, 애국심이라는 (합일의) 인연과 혼동해서는 안 된다. 덧붙여 말하면, 환대의 개념에

이 '합일'된 공동체의 외부에 있는 이방성(=타자성)이란 뜻도 포함되어 있다.

그런데 영어 'host'에는 또 한 가지 어원이 있는데 라틴어 'hostis'다. 이것은 '손님'과 '이방인'에 추가로 '적'이란 의미도 있다. 그 안에서 '손님'이란 뜻이 hospes에 취합되고 hostis는 오히려 '적'을 나타나게 되었다고 한다. 오늘날의 'hospitality(환대)'와 'hostility(적의)'의 차이는 여기서 기인했다.

환대의 증여도 손님과 마찬가지로 의미의 이중성 내지는 중첩성을 갖고 있다. 손님은 원래부터 이방인이었고 잠제적인 적이다. 증여물이 그 위험을 감춰줄 뿐이다. 그러나 이 증여물이 또 하나의 재난, 하나의 위험을 감추고 있다.

모스가 《증여론》에서 지적한 바와 같이 독일어의 증여물(gabe)은 선물(gift)과 같은 어근을 가지는데, 양자는 모두 '수여하다'의 뜻을 지닌 'gaben'에서 유래되었다. 또 이런 이중 반대의 의미는 그리스어의 도시스Dosis와 라틴어 도스Dos에도 찾아볼 수 있는데, 둘 다 독을 넣어 '조제'했다는 의미다. 이미 잘 알려진 예를 들어보면, '속죄양'을 뜻하는 그리스어 '파르마코스pharmakos'도 이중 반대 의미를 찾을 수 있다. 파르마코스는 어떻게든 거절해야만 하는 존재, 접하지 않으면 안 되는 사람을 의미하면서 동시에 자기를 희생하여 구원을 가져다주는 성스러운 존재를 의미한다. 결국 독과 약을 의미하는 것이다.

라틴어에서 독을 의미하는 '베네늄wenenum'에서 호의를 의미하는 '베니아venia', 그리고 여신 '비너스Venus'로 연결되는 의미론상의 쇠사슬도 같은 경우이다.

《오디세이아》에서 큐크로푸스는 오디세우스에게 다음과 같은 말을 한다. '너를 제일 마지막으로 먹을 것이다. 그것이 내가 주는 선물이다(xenion).' 여기서도 마찬가지로 단어의 의미가 반대로 사용되고 있다. ···(중략)··· 이런 의미에서 본다면 운을 이용한 말장난으로 다음과 같이 나타낼 수도 있다. 적(호스티스)이란 손님(호스페스)이며, 다른 사람(오토르)란 손님(오토)이다.

지나치게 의미의 밀접함을 요구한 나머지, 방문객은 방문객일뿐 그 이상은 아니라는 등 다의성을 제거하고 의미를 빈약하게 만들고 있다.

쉐러, 《환대의 유토피아》

그런데 고대로부터 도덕은 '타자에게 진 부채'로, 상업적 은유에 의해 이해되었다고 전해진다. 이 사고방식은 도덕과 정의의 기원을 상업과 산술의 논리에서 보는 의견으로 역사가 매우 깊다. 비교적 최근에는 니체가 《도덕의 계보》에서 임무와 허물, 부채를 의미하는 단어 'schuld'가 상업적 의미에서 유래한다고 지적했다. 그리고 손해와 고통과의 등가관계라는 배경(책무와 결제, 손해와 보상)을 간파했다. 베르그송은《도덕과 종교의 두 개의 원천》에서 '누군가가 다른 누군가에게 무언가를 빌리는가에 대해서도 제대로 감정하진 않았다. 하지만 오랜 기간 동안 균형이 잡혀 있어야만 할 도덕적 의무란 점이 당사자들에 의해 무언의 약속이 되어 있는 것'이 사회 안에 있는 개인과 다른 개인에 대해서 가지는 권리와 의무의 근원이 된다고 적고 있다. 부채 의식이 끊임없이 확인되지 않으면 안 되는 사회의 인연으로 존재하기 때문이다.

이 '부채'의 감정은 한 편으로는 '부채'를 부정하는 계량적인 사고이면서, 다른 방향으로 자신의 존재를 타인에게 짊어지게 하는 수동성 감각이다. 이것은 매우 흥미로운 주제다. '미안하다', '고맙다', '송구스럽다', '은혜를 입다' 등으로 표현하는 상대에게 '짐이 있다'는 감정, 혹은 '차마 볼 수 없다', '가엾다', '불쌍하다'는 등의 비통함과 고뇌가 연상되어 타자의 괴로움에 무감각해질 수 없어지는 것이다. 이것이 레비나스가 말한 '사태의 파악'이다.

그러나 전자의 '부채' 개념은 '환대'와 대립한다. 환대는 부채의 논리가 아니다. 환대는 무조건적으로 공유되는 것에 가깝기 때문이다. 레잉이 말한 그 한 잔의 차를 대접받은 분열증 환자의 예에서처럼, 그것은 누구를 위한 것도, 무언가를 위한 것도 아니라 단지 한 명의 사람에게 차를 제공하는 일이었으며, 그 이상도 이하도 아닌 '의미와 의의를 넘어선 행위'였기 때문이다. 나에게 무언가 돌아오는 것을 바라고 하는 행위는 환대가 아니다. 이런 의미에서 환대는 도덕과 논리조차 초월해버린다고 말할 수 있을 것이다.

길에 웅크린 사람, 지나가는 행인에게 누구라도 관계없이 조금만 품을 팔아 베풀어주려는 일반적인 행동도 그렇다. 이렇게 오래전부터 길 위에는 환대가 존재하고 있었다. 자기 자신 역시 언젠가 어딘가에서 누군가에게 돌봄을 받을지도 모른다는 생각이다. 이런 생각이 '부채의 논리'가 내포한 두 개의 계기의 중립지대라고 말할 수 있을지도 모른다.

의미를 동반하면서, 의미의 저편으로

의미와 의의, 또는 목적과 효과를 넘어서는 것. 호스피털리티란 '관계를 어떤 유보도 없이 괴로워하는 사람이 있다는 이유만으로 타자의 곁에 있는 일'이다. 이를 주제화하려는 것도 이런 의미의 저편에서 우리가 가지는 힘에 대해 생각하려고 했기 때문이다.

여기서(의미하는지 않는지에 관계없이) 다른 사람과 상호적인 케어의 관계 속에서 나는 '내'가 된다고 하는 케어의 '실존적'인 면─역할을 넘어서 더할 나위 없이 소중한 '누군가'로 그 장소에 머물러 있는 일─과 잘라야 할 부분은 잘라 내야 한다는 사고에서 발동한, 말하자면 '직업적'인 거리 감각과의 관계 문제가 아직 해결되지 않았다는 생각이 든다.

인간은 타자와의 만남에서 자신과의 동일성을 내건다. 특정한 타자에 의해 부림을 받은 사람으로 자신의 특이성에 합쳐진다. 타자의 타자가 된다. 인간은 이렇게 자신의 동일성을 무너뜨리고 자신의 고유성(propriété)을 파괴하는 형태로 그 상황의 윤곽이 확실하지 않은 애매한 존재, 양의(兩意)적인 존재가 된다. 또 동일성(=자신)의 증명 없이 타자를 유보하지 않고 맞아들이는 사람이 된다. 혹은 이런 사람으로 '손님'에게 맞아들여진다.

이미 규정한 바와 같이 '임상이란 어느 특정한 타자 앞에 자신을 가져다 놓고, 환대하는 관계 속에서 자기 자신 역시 바뀌어가는 경험의 장면'이라고 정의할 수 있겠다. 그러면 '실존적'인 면과 '직업적'인 면이 교차하는 지점이 '임상'이라고 말할 수 있다.

'왜 이 고통을', 혹은 '하필이면 내가'와 같은 무의미한 고통과 부조리한 괴로움을 어떻게 감수할 것인가 하는 스스로에게 질문할지도 모르겠다. 또 쉽지 않아 보이지만, 함께 그 괴로움에 들어서는 현공존성의 힘은 의미와 의의 저편에 등장하는 문제들에 의문을 제기할 것이다. 이때 타자 앞에 선 사람이 그 장소에 머물러 도망가지 않는 것이 정말로 '이 세상의 무의미성을 내 몸에 인식해 두는 일이며 동시에 생명의 의미'라든지 '존재의 부조리함과 마주하는 것이 현재성의 의미'라고 말하는 반성적 의미를 넘어선 힘을 가질 수 있을까.

프랭클은 미래에 어떤 의미를 거짓으로 상정하는 것이, 또는 적어도 미래의 시점에서 현재를 보는 일이 그 사람을 재차 자기 붕괴에서 구제하는 일이라고 이야기했다. 그는 자신의 책에서 나치의 강제수용소에서 겪은 체험을 통해 말할 수 있는 내용을 전부 기술하고 있다.

수용소 안에서 한 번쯤 자신의 미래를 믿어보려고 하는 사람은 적어도 그때부터 얼마간은 살아남을 수 있다. 더욱이 그 희망은 자기 자신만을 세뇌하는 트릭이 아니다. 실제로 프랭클은 조명이 은은하게 비추는 커다란 강연장에서 강제수용소의 심리학에 대해 강연하고 있는 자신을 상상했다고 한다. 그러나 이 트릭이 붕괴되었을 때는 더욱 깊은 절망이 기다리고 있다. 사람은 미래를 잃어버림과 동시에

'내적으로 붕괴되어 버리는 존재'다.

> 그 죄수는 어느 날부터인가 가건물에 누워서 옷을 입고 벗
> 고, 손을 씻으러 가고, 점호를 받으러 가는 모든 일을 하지 않
> 게 되었다. 달래기도 하고 위협과 구타를 해도 그에게는 쓸모
> 없는 전부 무의미한 일이었다. 그는 항상 판잣집에 누워 있거
> 나 거의 미동도 없는 상태로 있었다. 그리고 앞서 이야기한 위
> 기를 불러온 게 병이었는데도, 그는 병원에 가는 것은 물론이
> 고 그 어떤 형태의 간호도 거절했다. 그는 스스로를 방치했다.
> 그가 자신의 분뇨 투성이인 곳에 눕자 결국은 아무도 그를 성
> 가시게 하지 않았다.
>
> 빅터 프랭클, 《죽음의 수용소에서》

이런 위기가 한번에 잦아드는 것은 크리스마스부터 신
년에 걸친 기간이다. 1944년의 크리스마스부터 1945년의
새해 첫날 사이에 유례를 찾을 수 없는 많은 사망자가 발생
했다. 프랭클은 '수많은 사람들이 목숨을 잃은 이유는 쉽게
말해서 죄수들 대부분이 크리스마스에는 집에 돌아할 것이
라는 소박한 희망을 품었다는 사실'에 있다고 지적했다. '왜
살아가는가를 알고 있는 사람은 모든 방법을 동원해서 산
다. 아니, 삶을 견뎌낸다.' 하지만 삶의 의미가 사라지면 인

간은 '의지할 곳'을 잃고 결국 죽음에 이른다. 이때 절망의 연못에 빠져서 어떤 위로의 말도 거부해 버리는 사람들의 전형적인 화법은 '나는 이미 살면서 기대할 만한 뭔가를 갖고 있지 않은 사람이다.' 이 말을 들었을 때 당신은 어떻게 대답할 것인가.

프랭클은 '여기서 필요한 것은 생명에 대한 물음의 관점 변화'라고 대답한다. "우리는 인생에서 무엇을 아직 기대할 수 있는가가 아니라, 오히려 인생이 무엇을 우리에게 기대할 수 있는가가 문제가 되는 것"이라고 말한다.

이 '관점 변화'가 우리에게 흥미를 갖게 하는 이유는 여기서 우리가 인생의 의미를 묻는 사람이 아니라 그것을 '질문 받은 사람'으로서 존재하기 때문이다. 프랭클은 말한다. "인생은 그들에게서 아직 무언가를 기대할 수 있다는 것, 즉 인생에 어떤 것을 미래에는 얻을 수 있다는 사실을 보여주면 나는 성공이라고 생각한다. 사실 한 사람에게 그의 자식이 외국에서 그가 돌아오기만을 기다리는 것만큼 강력한 삶의 이유가 되는 것이 있을까. 누군가가 '나를 기다린다'는 확신, 이것을 확실하게 느끼고 있을 때 인간은 어떻게든 '더 살아보자'고 마음먹고 견디는 것이 아닐까.

여기서 괴로움을 '수난'이나 '희생'이라는 기독교적인 해석 안에서 의미를 부여하는 것은 가혹하다. 또는 그 괴로움, 혹은 고뇌를 프랭클과 같이 '끝까지 고뇌하는 호모 파티엔스의 행위'로 이야기하는 것도 숨이 막힌다.

영어의 'human'은 지면이나 부식토를 의미하는 라틴어 'humus'에서 왔다. 이것은 인간이 지면에 가까운, 그 정도로 낮다는 사실을 겸허하게 받아들이라는 의미가 있다. 조신함과 함께 딱하다, 천하다, 초라하다는 의미를 가진 'humble'도 역시 'humus'를 어원으로 하고 있다.

어디까지나 스스로 자신의 비천함에 질려 나오는 쓴웃음 안에서의 호스피탈리티, 환대라고 생각한다. 고뇌에서 보다 '풍부한' 의미를 요구하듯 '괴로움'의 개념에는 역시 저항이 있다. 짐이 무거워서 헐떡이는 사람의 짐을 덜어오는 것처럼 다른 사람의 괴로움을 나누는 호스피털리티의 개념에 '제가 뭐 도와드릴 일 없을까요?'와 같은 가벼운 대화를 대응시키고 싶다.

음식을 만들어주는 어머니는 본인뿐만 아니라 '당신'의 입에 맞는지 신경 쓰기 때문에 '맛있니?'라고 물어오는 것이며, '맛있어!'라는 대답을 들어야 자신의 행위에 긍정적인 의미를 부여하는 것이다. 이렇게 단순한 사실을 가져와서 언급한 이유는 사는 이유를 어떻게 해서도 찾을 수 없게 되었을 때, 자신이 정말 살고 싶은 사람이란 것을 자신에게 납득시키는 것이 어렵지 않기 때문이다.

죽음에 대해 공포를 느낄 때는 무서운 감각은 생생하지만, 머릿속에 논리와 도덕은 활발히 움직이지 않는다. 자신이 살아 있음을 긍정적으로 생각하기 위해서는 살면서 느꼈던 즐거운 경험을 통해 얻은 인생에 대한 긍정적인 감정이 저 밑바닥에 깔려 있어야 한다. 나가이 히토시(永井 均)는 《이것이 니체다》에서 '아이를 교육할 때 첫 번째로 가르쳐야 할 것은 도덕이 아니라 인생이 즐겁다는 사실, 즉 자신의 인생이 근본적으로 긍정되어야만 하는 것임을 몸과 마음에 새기는 것이다.'라고 서술하고 있다.

그러나 이렇게 삶에 대한 긍정적인 경험이 충분치 않은 경우에는 어떻게 해야 하는가. 그럴 때에는 다른 사람이 그 부족한 부분을 채워줄 수 있을 것이다. 누군가가 내게 꽃다발을 내미는 행위처럼 말이다.

"내가 정말로 살만한 가치가 있는 사람입니까?"

"당연하지. 너는 그 존재 자체로 가치가 있어."

타자 그 자체를 완전히 긍정하는 일, 조건을 내걸지 않고 긍정하는 것이다. 칸트가 말한 것처럼 무조건적인 명령(정언명법)이 아니라 무조건적인 긍정이다. 이 증여물로 가능할 것인가 아닌가는 재차 그 사람이, 즉 베푸는 사람이 이전에 단 한 번뿐이라도 무조건적으로 그 존재를 긍정 받은 경험이 있는가, 아닌가에 달려 있다. '얌전한 사람이라면' 이라든지, '조용하다면', 이런 유보적인 조건 없이 그 존재가 전적으로 긍정되는 것이다.

누군가 나에게 가슴을 완전히 내 주고 우유를 물리며, 떨어진 장난감을 쥐어 주고, 똥투성이가 된 엉덩이를 닦아 주고, 머리카락이나 겨드랑이, 사타구니 아래, 손가락 사이, 허벅지를 씻겨주는 경험을 떠올려 보자. 이것은 상대방의 입장에서 본다면 다른 사람의 존재를 완전이 그대로 수용해 주는 '존재의 돌봄'이라 불러야만 할 행위다. 케어의 뿌리가 되는 경험이란 이런 것이 아닐까.

사람은 살기 위해서 생의 출발점에서부터 다른 사람의 도움을 필요로 한다. 다른 사람에게 버림받았다는 느낌, 의지할 곳 없는 감정(Hilflosigkeit)을 느낄 때 다른 사람에게서 살아갈 힘을 끌어오는 것은 이런 이유에서다. 덧붙여서 정신과 의사인 키타야마 오사무는 '진지 빼앗기 놀이나 의자 잡기 등 소속된 장소를 빼앗는 게임은 다른 게임에 비해 지나치게 잔혹한데, 그것이 너무 방치되고 있다.'고 지적하기도 했다.

기타야마 오사무, 《나와 내가 있는 곳》

이럴 때 활발히 움직여 나오는 상상력은 다른 사람과 함께 식사하는 경험 안에서 보다 깊게 자라난다. 우리들은 식사를 하면서 보이는 광경, 들리는 소리, 감도는 향기 따위를 체험하고 바로 그 장소에서 다른 사람과 공유한다. 그러나 미각의 경우는 그렇게 할 수 없다. 다른 사람이 입에 들어간 음식의 맛은 상상력을 발휘하지 않으면 좀처럼 공유할 수 없다. 맛있어 보이기는 하는데 그 음식의 맛과 식감은 각자 자신의 몸 속 깊은 곳에서 차분하게 맛보는 것이기 때문에 다른 사람은 좀처럼 그 기분을 알 수 없다. 상상력을 동원하지 않으면 안 되는 것이다.

다른 사람의 생각에 대한 생각, 이 상상력은 식사 자리에서 종종 더 증폭된다. 이런 경험이 어렸을 때부터 충분히 겪지 않으면, 다른 사람을 생각하는 감정이 생겨나지 않는다. 그리고 다른 사람의 생각을 생각해 보는 것은 다른 사람의 케어의 케어라고 하는 케어의 구조를 이끌어낸다. 차를 대접받은 예에서 시작하는 것은 우연이 아니다.

애매모호함과 밝음

임상철학이 만약 지금까지 서술한 것처럼 '케어하는 사람의 케어'라는 입장에서 '현장'과 연계되어 간다면, 철학의 행위도 현공존성이라는 차원에서 '그 무엇도 대신할 수 없다'는 생각이 깊어질 것이다. 그래서 임상철학은 최종적으로 (일찍이 정신분석이론이 그런 것처럼) 단 한 명의 다른 사람과 깊은 관계로 끝날 수도 있고, 또 그렇게 유지해도 괜찮은 것이다.

임상철학의 이념에 대해 토론을 해도 확실한 답은 없다. 또 언제까지 떠들기만 할 것인가 등 참가자에게 불만이 나오는 경우가 많다. 애매한 것을 확실하게 분류하지 않은 채로 일을 진행시킬 때, 그 '애매함'이 불안을 양성하기 때문이라고 생각한다. 분류되지 않는 것을 그대로 수용하면서, 무언가 해결하려 들면 금세 곤란을 겪게 된다. 기타야마 오사무(北山修, 1946~)는 이와 관련해 용기를 얻을 수 있는 글을 남겼다.

각 방면에서 상담을 받는 정신과 의사, 병원 내외의 다양한 사람들과 만나는 사회복지사, 환자 본인과 주치의 양쪽과 모두 연락을 취할 수 있는 임상 심리치료사와 간호사도 그 움직임 때문에 '애매한' 인상을 줄 수 있다.

그래서 다음과 같이 연결(liaison)의 역할을 담당하는 것은 중간자적인 위치에 서게 된다. 제일 먼저 독자적 기능을 다하기 위해서 중립성을 확보하고자 할 때의 위치의 중간성이며 두 번째는 정신과 신체, 심적인 것과 현실의 여러 분야에서 대응하여 움직일 때의 다면성이다.

기타야마 오사무, 《나와 내가 있는 곳》

기타야마에 의하면 중간성이란 '어떤 의미에도 속하지 않는다.'는 '애매함'이다. '중개하는 것'은 항상 이 중간성과 양면성을 함께 가지기 위해 '애매하다고' 느껴지는 것이고, 이것은 피안을 건너기 위한 다리로써 가지는 중간성과 길의 끝으로써 가지는 다리라는 양면성을 함께 가진 '다리'라는 단어의 양의성 안에서 반영될 수 있다는 말이다.

그러나 이 임상철학에서 보이는 '애매함'을 간호와 돌봄이 타자의 셀프 케어의 케어로써 '중개적'임과 동시에 케어하는 사람과 자기 해석을 부분적으로라도 '중개'하는 행위라고 생각한다면, 철학도 역시 타자로서 '현장'에서 자신의 동일성을 흔들리고 본인을 끊임없이 새롭게 할 것이다. 임상철학은 그것을 자신의 '현장'으로 받아들여서 그곳에 서 있으려고 하는 것이다. 이런 수습의 불안함을 캐럴 길리건(Carol Gilligan, 1936~)은 《다른 목소리로》에서 '여성'의 입장에서 이렇게 표현했다.

'다른 사람의 결핍을 느끼고 다른 사람의 돌볼 책임을 받아들이면서 여성들은 자신들 이외의 목소리들에 주의를 기울이며 자신들의 판단에 다른 사람의 시점을 포함하게 된다. 여성의 도덕적 약점은 여성들이 (도덕적 딜레마에 빠졌을 때에 한한다.) 산만하고 혼란하게 보이는 판단에 의해 여실히 들어난다고 하지만, 이 약점이 여성의 도덕적인 강점(즉, 인간관계와 책임을 최우선으로 하는 배려)과 구별하기 어렵게 결합되어 있다.'라고.

'애매함'과 '제멋대로'라는 마이너스 요인을 뒤집는 이유가 또 한 가지 있다. 케어는 개인이 자신의 행위를 정당화하기 쉬운 영역이라고 하는 의미에서 가장 받아들이기 어려운 위험한 영역이기도 하다. 그래서 모두 몰래 잠입한다. 이것이 의무가 되거나(인간의 자기 긍정), 부재 증명을 하거나 한다면 전혀 소용없는 것이다.

사람은 어디까지나 자신의 낮은 위치에 머무르지 않으면 안 된다. 사람은 다른 인격을 수단으로 삼기도 한다. 또 자신을 속이는 것도 가능하다. 타자에 대한 상상력, 생각을 떨치는 경험을 버리기도 한다. 사람은 버려졌을 때, 상상할 수 없을 만큼 잔혹해 지는 존재다. 문턱을 쉽게 넘겨 버리는 것이다. 이런 가능성을 가진 자신을 가장 아래에 둔다. 우리는 이 방법에서만 자신을 느낄 수 있다. 자신과 같은 인간만 있는 세상에서 살아 가는 만큼 괴로운 일도 없다.

호스피털리티는 '이런 바보 같은 상황을 알지 못하는 무구(無垢)의 형태가 반대로 그 바보 같음을 눈치 채고 더욱

심하게 바보 같은 상황 안에서 간신히 발현할 수 있을지도 모른다.'고 말하면 무구를 너무 바보같이 만드는 것일까. 그러나 '바보 같다.'는 표현이 사람을 잡아먹는다 해도, 바보 같을 정도로 슬픔을 마음에 새겨두지 않으면 진심으로 남을 돕고자 하는 마음가짐을 가질 수 없다.

　호스피털리티는 희망의 상징이 아니라 절망의 상징이라고 조금 묵은 사고를 해 보는 것도 가능하다. 여러 가지로 생각해 봐도 절망밖에 없는, 그런 사태에서 눈을 돌리지 않고 그 사태를 '인정하는' 것만이 인간에게 가능한 호스피털리티는 아니지 않을까. '나 같이 하찮은 사람도 인간의 일을 걱정해도 될까요?'라는 질문을 내뱉지 않았던 사람에게 누군가가 말하지 않고 조용히 손을 내미는 호스피탈리티 말이다.

　타자에게 나의 존재를 조건 없이 긍정 받는 경험이 결핍된 사람에게 문득 느껴지는 저 먼 곳의 피안(彼岸)의 감촉은 상냥함, 엄격함과 같은 중립적인 감정을 문득 느끼게 해 준다. 이 사람이 '피안'에서 뚝하고 흐르는 눈물은 '인간'의 안과 밖의 문턱을 말한다. 이 사람의 옆에, 그것도 때마침 거기 존재하고 있는 사실에서 밖으로 뛰쳐나오지 않는 것, 거기에 아무런 대가 없는 호스피털리티가 있다는 느낌이 든다. 공감이 도달하는 지점이 아니라 공감이 불가능한 지점에서, 다른 사람에게 손까지 내밀어야하는 상황, 이 같은 지점에서 인간은 지금까지 볼 수 없었던 인간의 '나약함'을 상상 이상으로 보게 될 것이란 예감이 든다.

고베가 대지진이 나고 2주 정도 지났을 때였다. 지인과 피난소에 물자를 전달하기 위해 갔을 때였다. 그곳 피해자에게서 생각하지도 못한 말을 들었다. 많은 사람들이 아직 대피소 밖에서 구조 활동을 나가고 저녁 식사를 준비하러 간 사람도 있어서 체육관 안은 인적이 드물었다.

안쪽에 혼자 덩그러니 앉아 있던 노파에게 손난로를 건넸다. 그 여성은 조금의 시간이 흐르자, 자신이 겪은 지진 피해의 경험을 상세하게 이야기해 주었다. 그러다 사람들이 하나, 둘 돌아와서 나도 돌아가려고 하자, '저녁 드시고 가세요. 지금부터 교토까지 돌아가려면 시장하니까.'라고 이야기했다. 등 뒤에서 또 다른 여성이 '여기 식사 맛있어요. 드시고 가세요.'라고 말했다. 그러면서 온기를 머금은 야채 조림을 내왔다. 나도 '그러면 감사히 받겠습니다.'하고 맛있게 먹었다.

다른 체육관에서는 옆쪽 통로에 신원불명의 애완견들이 몇 마리나 '보호' 받고 있었다. 관내에는 눈앞에서 가족을 잃은 사람도 있었다. 가족이 죽는 장면은 아무리 지우려고 해도 지워지지 않을 것이다. 자신을 책망하는 사람에게 "당신 탓이 아니라고." 말하는 것은 위안이 되지 않는다. 피해 지역에서만이 아니다. 피난소에서 받은 마음의 상처도 분명히 있을 것이다. 그렇게 상처받았지만 자신의 곁으로 와 준 외부 방문객들이 배가 고플 것을 걱정하는 그 고결한 성품은 도대체 어디에서부터 온 것인가. 혹은 '여기 식사 맛있어요.'라고 말하는 그 밝고 활발한 목소리는 도대체 어디에서부터 울려 퍼지는 것인가.

이 피난소에서는 봉사자들의 밥통이 오히려 피해자들에게 걱정을 받았다. 맞이한 사람이 맞아 들여진 것이다. 그런데 이와 동시에 가장 강한 인상을 받았던 것은 깊은 슬픔의 중심에서 모든 것을 놓아버린 후에 생긴 '밝음'이었다. 자포자기해 버린 자신을 재미있고 우습게 이야기하는 이 사람들의 소질과는 전혀 다른 '밝음'을 느낄 수 있었다. 이 '밝음'이 호스피털리티의 교감의 밑바닥에서 떠다니고 있지 않으면 안 된다고 생각했다.

그리고 그 '밝은 호스피털리티'에 몸을 맡기기 위해서는 제1장에서 강조한 비—방법의 길을 우리들의 몸에 새겨두지 않으면 안 된다. '에세이'라고도 불리는 그 이야기법이다. 앞에서는 인용하지 않았는데, 미셸 세르(Michel Serres, 1930~)의 《오감(*Les Cing Sens*)》이란 책 안에 목적지를 향하는 최단거리를 손에 넣는 방법에 유보(遊步)의 길, 즉 '산책하는 길, 회유의 길'을 대치시키고 있다.

방법적 직선의 길은 철도와 고속도로 같이 평지를 파내고 산과 골자기를 뚫어서 최단거리로 만든다. 그리고 그 길을 기관차나 자동차가 경적소리와 연기를 뿜어내며 달린다. 이에 비해 유보의 길은 풍경과 하나가 되면서, 때로는 그 풍경 속으로 섞여 들어가거나 우회하고, 다른 길을 통해서 돌고 돌아서 나아간다.

이 '길고 굽어진, 울퉁불퉁하고 잡다한' 유보의 길에서 인간은 진정한 사색과 만난다. 생각지도 않은 우연한 만남이다. 쓸모없는 것들에도 눈을 돌려본다. 스스로가 방법의 길 위에 있으면 절대 접할 수 없는 것들과 만나는 것이다.

호스피털리티의 길은 틀림없이 적당하게 휴식을 취하면서, 가능하면 함께 쉬면서 도중에 놀기도 하고 돌고 돌아서 앞으로 나아가는 것이다. 나는 이 과정이 진정으로 소중하다고 생각한다. 그 과정을 함께하는 일, 어떤 목적도 없이 함께 걷는 일, 이렇게 어슬렁어슬렁 걷는 일이 가지는 의미를 걸어가는 길 위에서 생각하는 것, 거기에 듣기의 철학, 임상철학의 길이 있지 않을까.

듣기의 철학, 임상철학은 이제 막 첫발을 내딛었을 뿐이다. 수많은, 정말 수많은 고난이 작업을 진행할 때마다 나타나기 마련이다. 내가 철학을 하면서 고뇌할 때마다, 언제나 나와 함께 걸어 주었던 경애하는 철학자 메를로퐁티의 말을 인용하면서 이 책을 맺으려 한다.

철학은 내 발밑에 세상을 꿇어앉히는 것이 아니다. 또 모든 것을 망라하는 '보다 높은 수준의 시각'도 아니다. 철학은 삶을 구성하는 존재들과의 접촉을 원하며, 그 가운데서 배움을 얻는 것이다.

문학과 예술, 삶을 영위하기 위한 대상이 되어 일방적으로 철학만이 감각적 대상, 혹은 실존하는 대상이 되는 극단적인 경우를 제외하고는 철학이 습관적인 것과 구성된 틀 안에서 본래의 모습에 도달한다는 환상을 갖고 있다.

다른 사람과의 관계에서도 철학은 채색되지 않은 동판화처럼 흑백으로 그려진다. 사람들은 이 '세상의 진기한 가벼움'을 철학과 똑같은, 혹은 그 이상으로 훌륭한 것으로 생각한다. 하지만 절반 정도는 침묵 안에서 대결하고 있다. 우리는 이 '세상의 진기한 가벼움'을 잊어버리는 것을 절대 용납할 수 없다.

메를로퐁티, 《기호들(*signes*)》의 서문

와시다 키요카즈(鷲田淸一)

1949년 교토에서 태어났다. 교토대학교 문학부를 졸업하고, 같은 대학 대학원 문학연구과 박사학위를 취득했다. 칸사이대학교 문학부 교수 등을 거쳐, 오사카대학교 총장을 역임했다. 전공은 논리학이다.

주요 저서로는 『얼굴의 현상학』, 『현상학의 시선』, 『나, 그 이상한 존재』, 『메를로퐁티』, 『누군가를 위한 일』, 『비명을 지르는 몸』 등이 있다. 또 비평서로는 『유행의 미궁』(산토리학예상 수상), 『부조화 된 몸』이 에세이집으로는 『보통은 아무도 알려주지 않는다』, 『꿈의 혼돈』 등이 있다.

길주희

강원대학교 사학과 석사학위를 취득했으며 도쿄대학교 대학원에서 한국조선문화연구실에서 공부했다. 현재는 전문번역가로 활동하고 있다. 옮긴 책으로는 『아침1분 사용법』, 『아픔 없는 치유는 없다』, 『손정의 기적의 프레젠테이션』, 『비즈니스 사고법의 모든 것』, 『굿바이 소니』 등이 있다.

듣기의 철학
호모 파티엔스를 만나다

1판 1쇄 펴냄 | 2014년 3월 31일
1판 2쇄 펴냄 | 2014년 4월 15일

지은이 | 와시다 키요카즈
옮긴이 | 길주희
펴낸이 | 김정호
펴낸곳 | 아카넷

출판등록 2000년 1월 24일(제 2-3009호)
100-802 서울시 중구 남대문로5가 526 대우재단빌딩 16층
대표전화 6366-0513(편집) · 6366-0514(주문) | 팩시밀리 6366-0515
책임편집 | 박병규
www.acanet.co.kr

ISBN 978-89-5733-358-7 03150

「이 도서의 국립중앙도서관 출판시도서목록(CIP)은
서지정보유통지원시스템 홈페이지(http://seoji.nl.go.kr)와
국가자료공동목록시스템(http://www.nl.go.kr/kolisnet)에서 이용하실 수 있습니다.
(CIP제어번호: CIP2014008671)」